Paul Bruin
Die vier Evangelisten

Paul Bruin

Die vier Evangelisten

im Dienste ihres Herrn und Meisters

Rex-Verlag Luzern/Stuttgart

CIP-Kurztitelaufnahme der Deutschen Bibliothek
Bruin, Paul
Die vier Evangelisten — 1. Aufl.
— Luzern, Stuttgart: Rex-Verlag, 1981
ISBN 3-7252-0381-4

Umschlaggestaltung: Otto Lehmann, Luzern
(nach einem Glasfenster von Paul Monnier
in der St. Konradskirche in Zürich)
Druck: A. Röthlin, Sins
Einband: An der Reuß AG, Luzern
ISBN 3-7252-0381-4

INHALT

Vorwort 7

Die vier Evangelistensymbole . . 7

Matthäus, Messiasprediger und Lehrer . 13

Der Zöllnerevangelist 13
Der Messiasprediger Christi . . 25
Der Lehrer der Lehre Christi . . 30

Markus, Gehilfe und Gefährte der Apostel 37

Das Monogramm des Markus . . 38
Drückeberger und Deserteur? . . 44
Freund und Gefährte des Petrus . 49

Lukas, der geliebte Arzt 59

«Mein Platz ist bei den Armen» . 60
Gottgesegnetes Zusammentreffen . 65
Maria: die Berichtquelle der Jugendgeschichte Jesu 67
Der Freund und Begleiter des Apostels Paulus 69

Der Sänger der Barmherzigkeit Christi 77
Der Freund der Armen . . . 79
Der Evangelist der Frauen . . . 82
«Lukas allein ist bei mir» . . . 83

Johannes, der Lieblingsjünger Jesu . 87

Am Jordan zusammen mit dem Täufer 87
Am See Gennesaret zusammen mit Jesus 90
In Jerusalem zusammen mit Maria . 94
In Ephesus zusammen mit seinen Jüngern 96

VORWORT

Die vier Evangelistensymbole

In unsern Kirchen und Kathedralen sehen wir als Schmuck und Dekoration unserer Kanzeln oft die Evangelistensymbole: Mensch, Löwe, Stier (Kalb) und Adler. Sie sind als Sinnbilder in der christlichen Kunst sehr beliebt. Wir finden sie in den Apsismosaiken römischer Basiliken, in den Triumphbogen altchristlicher Gotteshäuser, in der Außenplastik romanischer und gotischer Kathedralen, in der Buchmalerei, auf Ambonen, Lesepulten, Bucheinbänden, Reliquiaren und an den Balkenenden der Kreuze. Sie gehen zurück auf die Visionen des Propheten Ezechiel (1, 5) und die Apokalypse (4, 6). In der Verteilung, wie die Evangelistenzeichen uns heute geläufig sind, finden sie sich zuerst beim heiligen Hieronymus. Matthäus wird dargestellt als geflügelter Mensch, denn sein Evangelium beginnt mit der menschlichen Geburt Christi, mit dem Stammbaum des Erlösers. Markus wird dargestellt als geflügelter Löwe. Denn sein Evangelium fängt mit der Predigt des Täufers in der Wüste an: «Eines Rufenden Stimme in der Ödnis: Bereitet den Weg des Herrn!» (Mk 1, 3). Lukas wird dargestellt als geflügelter Stier. Denn er beginnt sein Evangelium mit dem Priester Zacharias und seinem Opferdienst im Tempel. Johannes wird dargestellt als Adler. Denn im Gedankenflug des Prologes schwingt er sich adlergleich in die höchsten Regionen der Geheimnisse Gottes empor: «Im Anfang war das Wort, und das Wort war bei Gott, und Gott war das Wort» (Joh 1, 1).

Die vier Evangelistensymbole waren ursprünglich in erster Linie Christussymbole. Sie versinnbilden die vierfache Gestalt des Herren-Bildes, zeigen nacheinander die menschliche, prophetische, priesterliche und göttliche Seite des Erlösers. Darum umgeben und umschweben sie auf den Majestas-Bildern immer wieder den Thron Christi. Wie nach dem Propheten Ezechiel vier Cherubim den Thronwagen des Allmächtigen stützen und nach der Offenbarung des Johannes vier geheimnisvolle Lebewesen den Thron Gottes umstehen, so trägt das Viergespann der Evangelisten die Frohbotschaft des Herrn und Meisters Jesus Christus nach allen vier Himmelsrichtungen in alle Welt. Auf den ältesten christlichen Bildwerken werden die vier Evangelisten auch mit den vier Flüssen des Paradieses verglichen und als vier Flüsse dargestellt, die aus einem Felsen fließen. Der Fels aber ist ein Vorbild Christi. Wie Mose mit seinem Stab eine Quelle aus dem Felsen schlug, so öffnete Christus die Quelle des ewigen Wortes. Auf einem Evangeliar des 14. Jahrhunderts werden die Evangelistenzeichen in die Worte zusammengefaßt: «Die vier Tiere versinnbilden Christus, den Herrn: Mensch ist er in der Geburt, Stier im Opfertod, Löwe im Auferstehen und Adler durch seine Himmelfahrt.» Ein ähnlicher, auf Christus bezogener Text findet sich auf einem Marmorblock, der in Lydien gefunden wurde. Es heißt dort: «Er litt wie ein Mensch, siegte wie ein Löwe, wurde geopfert wie ein Stier und entflog wie ein Adler.» Alle vier Evangelisten verkünden die gleiche Frohbotschaft, zeichnen das Bild des einen Herrn und Meisters, brechen das eine Licht in verschiedenen Strahlen, sind gewissermaßen verschiedene Buchstaben des einen Namens Jesu. Was Jesus sprach, erfahren wir durch Matthäus, was Jesus tat, durch Markus, was Jesus fühlte, durch Lukas, und was Jesus wollte, durch Johannes. Vier Maler haben am Christusbild gemalt, jeder mit eigenen Farben, aber trotz der Vierzahl der Evangelisten ist die Einheit des Evangeliums und seines Christusbildes gewahrt. Die Vierfaltigkeit ist eine Viereinigkeit. Matthäus schildert den Messias als die Erfüllung des Alten Testamentes, Markus den großen Wundertäter, Lukas den barmherzigen Samariter voll unendlicher Heilandsliebe, Johannes erschaut mit Adleraugen den Eingeborenen in der Herrlichkeit des Vaters.

Bei Hieronymus findet sich von den vier Evangelisten noch ein anderer schöner Vergleich. «Matthäus ist Honig», schreibt er, «Markus Milch, Lukas Öl und Johannes Wein.» Matthäus: «Honig». Bei ihm finden sich die meisten Aussprüche und Worte des Herrn, die fünf großen Reden Jesu, die Logia Christi: die Bergpredigt, die Aussendungsrede, die Gleichnisrede, die Unterweisungsrede und die eschatologische Rede. Von den Worten Christi aber sagt der Psalmist: «Wie süß ist deine Lehre meinem Gaumen, viel süßer als Honig meinem Mund» (Ps 118, 103). Markus ist «Milch». Sein Evangelium als das kürzeste enthält die «Anfangsgründe der Lehre Christi», die Katechese des Apostels Petrus. Diese aber vergleicht der Hebräerbrief (5, 12—14) mit der Milch. Auch Paulus gebraucht das gleiche Bild im ersten Korintherbrief: «Ich habe euch — als Anfänger — Milch zu trinken gegeben, nicht feste Speise» (1 Kor 3, 1). Auch Petrus verwendet dieses Bild, wie er die Neugetauften zum geistigen Wachstum aufmuntert: «Wie neugeborene Kinder verlangt nach der geistigen und unverfälschten Milch, um dadurch zum Heil heranzuwachsen» (1 Petr 2, 2). Und Lukas, der Jesus in seinem Evangelium als himmlischen Arzt für Leib und Seele darstellt, vergleicht Hieronymus mit «Öl». Denn das Öl war damals bei den Orientalen Nahrung und Medizin zugleich. Und vom vierten Evangelisten heißt es: «Johannes ist Wein.» Auch dieser Vergleich ist tiefsinnig und treffend. Denn das Johannesevangelium beginnt mit der Hochzeit zu Kana, bei der Jesus Wasser in Wein verwandelte (Joh 2, 2—11) und schließt mit dem Gleichnis vom Weinstock: «Ich bin der Weinstock, ihr seid die Reben» (Joh 15, 5). Beide Pforten des Evangeliums, Eingang und Ausgang, sind von Rebranken umsponnen, überhangen von rotleuchtenden Trauben. Johannes schrieb sein Evangelium, trunken vom Wein der Liebe Christi, im hohen Alter, erst nach langem Nachdenken und Überlegen. Es ist köstlicher Altwein, den er uns kredenzt.

MATTHÄUS, MESSIASPREDIGER UND LEHRER

Das Matthäusevangelium ist schon das bedeutendste Buch der Weltliteratur genannt worden. Im Siegeszug eroberte es die Herzen der Christen. Es ist das Hauptbuch der Kirche geworden. Matthäus — hebräisch Mattaj — bedeutet eigentlich «Gottes Gabe». Sein Evangelium wurde das große Geschenk Gottes an die Menschen, Zeichen seiner Liebe, das jedem sich anbietet und jeder ergreifen kann.

Der Zöllnerevangelist

In seinem Evangelium bezeichnet sich Matthäus selbst ehrlich und demütig als «Matthäus der Zöllner» (10, 3). In Kafarnaum an der Grenze zwischen den Tetrarchien des Philippus und des Herodes Antipas an der von regem Karawanenverkehr belebten Handelsstraße, die von Damaskus nach der Küste des Mittelmeeres und Ägypten führte, war Levi-Matthäus, wie sein voller

Name heißt, Zolleinnehmer. Wahrscheinlich stand sein Zollhaus (telonion), aus dem er berufen wurde, draußen am Hafen der Stadt, während seine Privatwohnung, in der er zusammen mit seinen Berufskollegen seinen neuen Meister mit einem Festmahl feierte, sich innerhalb des Stadtgebietes befand.

Wie alle Steuerpächter hatte auch Levi-Matthäus seine Zollstation gegen eine jährliche Pauschalsumme von Herodes Antipas in Pacht erhalten, der ihm seinerseits eine kleine Besatzung (koustodia: Mt 27, 65; 28, 11) zur Verfügung stellte, welche die Grenze überwachte und die Zolleinziehung unterstützte. Levi-Matthäus mußte dann selbst sehen, wie er die Summe, die er an Herodes bezahlt hatte, durch Zollerhebungen, Eingangs- und Ausfuhrzölle auf Waren und Artikel verschiedenster Art, beibringen konnte. Den höheren Betrag durfte er als Gewinn einziehen, mußte aber bei einem Minderbetrag den Schaden selbst tragen. Anderseits konnte er nicht willkürlich schalten und walten. Denn die Höhe der Zölle war vorgeschrieben. Es bestanden Zolltarife. Doch waren diese dem Volk nicht genügend bekannt, so daß der Willkür der Zollpächter noch ein weiter Spielraum offen blieb. Diese suchten aus dem Volk herauszupressen, was sie konnten, und sich durch Übervorteilung und Ausdehnung der Abgabepflicht auf jede Art zu bereichern. Meist waren sie ausgesprochene Schurken, Blutsauger, die die kleinen Leute quälten und schröpften, und für die Römer Steuern erhoben. Mit den Römern aber kollaborieren, gar ihre verdammten Steuern einziehen, machte die Zöllner beim Volke verhaßt. Man verglich sie mit Räubern und wilden Tieren. Sie waren aus der Synagoge ausgeschlossen. Vor Gericht durften sie nicht als Zeugen auftreten. Ein Bettler, der etwas auf sich hielt, warf einem Zöllner sein Almosen wieder hin.

Auch Levi-Matthäus saß Tag für Tag hinter seinem Tisch zu Kafarnaum, das Zeichen der Obrigkeit an seiner Brust, daß er befugt sei, den Zoll zu fordern, und den Beutel an seinem Gurt: rechnete, notierte, kassierte und registrierte die Waren, welche die Grenzstadt passierten: Körbe mit Gemüse, Obst oder Getreide, eine Kamellast Gewürze aus Indien, Alabastergefäße mit Salböl aus echter Narde. Jeder entrichtete ihm den Zoll, und dann öffnete er die Schranke und ließ den Mann mit seiner Ware hindurch, und wenn er nicht bezahlte, verweigerte er ihm den Durchgang. Jahrelang ging das so, bis eines Tages Jesus von Nazaret vorüberging, den er schon gesehen, gehört und insgeheim bewundert hatte. «Folge mir nach!» (Mt 9, 9), sprach er zu ihm. Und Levi-Matthäus, der Sohn des Alphäus, stand auf und folgte Jesus, überglücklich, in ihm einen Freund gewonnen zu haben, der ihn in seiner grenzenlosen Güte annahm, so wie er war, der ihn achtete, verstand und liebte und auch im tiefen Schmutz den Edelstein sah. Das mußte gefeiert werden! Und so lud er Jesus und seine Jünger zu sich. «Und es geschah, als Jesus in dem Hause zu Tische saß, siehe, da kamen viele Zöllner und Sünder und setzten sich zusammen mit Jesus und seinen Jüngern zu Tisch» (Mt 9, 10). In wessen Haus? Wüßten wir es nicht aus Markus (2, 15) und Lukas (5, 29), der Bericht des Matthäus würde uns wohl kaum Klarheit verschaffen. Das ist eben die feine, bescheidene Art des Matthäus, von sich nicht viele Worte zu machen und alles ihm zur Ehre Gereichende still im Verborgenen zu halten. Lukas aber sagt es dann mit aller denkbaren Deutlichkeit, daß es im Hause des Zöllners Matthäus war, und fügt dann noch hinzu, daß es ein «großes Gastmahl» war, das Matthäus gab. An diesem Festmahl nahmen die Braven, Anständigen und Frommen, die Pharisäer Anstoß. Sie konnten nicht verstehen, daß Jesus ausgerechnet bei «so einem» einkehrte. Sie

sagten zu den Jüngern: «Wie kann euer Meister zusammen mit Zöllnern und Sündern essen?» Jesus hörte die gehässigen Worte, wandte sich um und sagte: «Nicht die Gesunden brauchen den Arzt sondern die Kranken. Geht aber hin und studiert, was das heißt: Barmherzigkeit will ich und nicht Opfer. Denn ich bin nicht gekommen, um Gerechte zu rufen, sondern Sünder» (Mt 9, 11—13).
Die Beschäftigung als Steuerpächter und Zolleinnehmer im Zollhaus zu Kafarnaum brachte es ganz von selbst mit sich, daß viel Geld durch die Hände des Zöllners Levi floß. Täglich mögen es Dutzende verschiedener Münzen gewesen sein. Im Laufe der Jahre erhielt er ein feines Fingerspitzengefühl für die verschiedenen Münzarten und kannte sie alle aus dem ff. Der Umgang mit dem Geld blieb nicht ohne Einfluß auf sein Evangelium. Eine nähere Untersuchung zeigt, daß die Darstellung des Matthäus mehr als die der andern Evangelisten von den Gesichtspunkten des in Geldgeschäften versierten Zöllners bestimmt ist. Wer sein Evangelium aufmerksam liest, entdeckt, wie sich gelegentlich hinter einem Wort oder dem Namen einer Münze der geldkundige Zöllner verbirgt, und wie da und dort noch der gewesene Finanzmann spricht. Zwar hat Levi-Matthäus,

als der Gnadenruf Christi zur Nachfolge an ihn erging: «Folge mir nach!» (Mt 9, 9), dem Zollhaus den Rücken gekehrt, aber den Zöllner mit seiner Freude an den Münzen konnte er doch nie ganz verleugnen. In einer Reihe von Fachausdrücken, die dem Wortschatz der Buchhaltung und des Steuerwesens entstammen, schimmert er noch gelegentlich durch. Der scharfe und sichere Blick für Geld und Münzen ist ihm zeitlebens geblieben. Tiefer und nachhaltiger sind jene Lehrstücke, in denen Jesus von Geld und Münzen spricht, in seinem Gedächtnis haften geblieben.

Schon gleich zu Beginn seines Evangeliums zeigt Matthäus ein gewisses Interesse für Finanzverhältnisse und erwähnt die Geldspende der Weisen aus dem Morgenland, die nicht nur Weihrauch und Myrrhe, sondern auch Gold (chryson: Mt 2, 11) brachten. Zwar sagt er nicht, welches der unmittelbare Zweck dieser Geldspende war. Aber offenbar, da er gleich nachher die Flucht der Heiligen Familie nach Ägypten schildert, läßt er damit doch durchblicken, daß die Geldspende der Magier die Reisekosten decken und der Flüchtlingsfamilie bei ihrem Aufenthalt in Ägypten über ihre ersten Schwierigkeiten hinweghelfen sollte. Levi-Matthäus hat den nüchternen, realen Blick des Finanzmannes für die Wirklichkeiten des Lebens.

Welch feines Ohr der ehemalige Steuerpächter für den Klang der Münzen hatte, tritt besonders deutlich in der Aussendungsrede zutage, in der Jesus in einer Art «Pastoralunterricht» die Apostel ermahnt, kein Geld für ihre Missionsreisen mitzunehmen. Alle drei Synoptiker haben dieses Herrenwort vom Geld. Bei Markus (6, 8) heißt es: «Auch gebot er ihnen, nichts auf den Weg mitzunehmen, bloß einen Stock, kein Brot, keinen Ranzen, kein Geld im Gurt, nur Sandalen untergebunden.» Bei Lukas (9, 3) lesen wir: «Nehmt nichts mit auf den Weg, weder Stab, noch Ranzen, weder Brot noch Geld.» Beide Evangelisten nennen dabei nur eine Geldsorte. Matthäus allein, der ehemalige Steuerpächter, hat an dieser Stelle die drei Geldsorten: «Steckt nicht Gold, Silber und Kupfermünzen in euren Gürtel!» (Mt 10, 9). Einzig Matthäus hat uns die Wucht des Wortes Christi, die ganze Eindringlichkeit, die Jesus seinen Worten durch die dreifach stufenwärts absteigenden Münzwerte: Gold, Silber, Kupfer verleihen wollte, erhalten. Er allein hat es herausgehört, wie Christus durch die dreifache Verneinung seinen Worten besonderen Nachdruck verleihen wollte, ähnlich wie wenn wir in unseren Gesprächen zu sagen pflegen: Ich habe kein Geld, keinen Rappen. — Je n'ai pas d'argent, pas un sou.

Aufschlußreich ist auch die Begebenheit mit der Tempelsteuer (Mt 17,24—26), bei der Petrus vom Herrn den Auftrag erhält, einen Fisch zu fangen, in dessen Maul er die für die beiden genügende Steuersumme vom Wert eines Staters finden werde. Markus und Lukas hielten diese Begebenheit wohl nicht für so bedeutungsvoll, um sie festhalten zu müssen. Beide haben sie übergangen. Einzig Matthäus fand sie überlieferungswürdig und für die jüdische Christenheit bedeutungsvoll und erzählt sie deshalb mit behaglicher Ausführlichkeit. Dabei erweist sich Matthäus wiederum als der in Finanzfragen und im Steuerwesen wohlbewanderte Fachmann. Scharf unterscheidet er zwischen den verschiedenen Steuern, zwischen Zoll- oder Grenzsteuer (tele: 17,25), die für ein- und ausgeführte Handelsartikel wie Öl und Getreide, Vieh, Perlen, Kleiderstoffe an den Zollgrenzgebieten erhoben wurde, und zwischen der Staatssteuer (kensos: 17,25), namentlich der Kopfsteuer, die je nach Einkommen und Vermögen zu entrichten war. Neben diesen beiden Steuern kennt er aber noch eine dritte Steuer — und um diese handelt es sich hier in erster

Linie — die Tempelsteuer (ta didrachma: 17, 24), die von jedem zwanzigjährigen Israeliten zur Bestreitung der Kultusbedürfnisse zu entrichten war. Dabei gibt uns Matthäus Aufschluß über mancherlei wertvolle, das Steuer- und Münzwesen betreffende Einzelheiten. Die Tempelsteuer war von Christus und seinem Apostel Petrus nicht im Tempel zu Jerusalem, sondern in ihrer Ortsgemeinde Kafarnaum zu entrichten, wo sie beide ihren Wohnsitz hatten und wahrscheinlich auch in die Steuerlisten eingetragen waren.

Ein Fünklein Berufsfreude schimmert auch in den beiden Gleichnissen vom Schatz im Acker (13, 44) und von der Perle (13, 45—46) durch. Nur Matthäus erzählt die beiden Gleichnisse, die mehr im Interessenkreis des Kauf- und Finanzmannes liegen. Das gleiche gilt auch von der Parabel vom unbarmherzigen Knecht (Mt 18, 23—35), die einzig bei Matthäus sich findet. Er allein beschreibt den Unmenschen des Evangeliums, die erbärmliche Figur des unbarmherzigen Knechtes, dem der König in seiner grenzenlosen Güte und Großmut die Riesenschuld von 10 000 Talenten erläßt, der selbst dann aber hingeht und seinen Mitknecht wegen der lächerlich kleinen Schuld von 100 Denaren mißhandelt. In ähnlichem Abhängigkeitsverhältnis wie dieser Knecht zu seinem König, hatte auch Levi-Matthäus als Erhebungsbeamter an der Zollstation zu Kafarnaum gestanden. Als israelitischer Zöllner war er Herodes Antipas verpflichtet, der seinerseits mit ihm «abrechnen» mußte.

Wie die Gleichnisse vom Schatz im Acker, von der Perle und vom unbarmherzigen Knecht Sondergut des Zöllnerevangelisten sind, so auch die Gleichnisse von den Arbeitern im Weinberg (Mt 20, 1—16) und von den Talenten (Mt 25, 14—30). Auch diese beiden Parabeln sind «Geldgleichnisse». Matthäus ist hier der Evangelist der «Geldparabeln». Handelt es sich im Gleichnis von den Arbeitern im Weinberg um Lohnfragen, um den Tagelohn «von einem Denar», so geht es im Gleichnis von den Talenten um anvertraute Geldkapitalien. Hier wie dort finden sich eine Reihe von Fachausdrücken, die nur Matthäus der Zöllner kennt wie «mieten, dingen, um Lohn annehmen» (20, 1. 7) und «Rechenschaft ablegen» (18, 23. 24).

Kein Evangelist hat den Verrat des Judas übergangen. Zu tief hatte sich der Schmerz über die schwarze Tat dieses einstigen Jesusjüngers in ihre Seelen eingegraben, als daß sie sie hätten mit Stillschweigen übergehen können. Aber das Auffallende ist auch hier wiederum: deutlicher als Markus und Lukas hebt Matthäus hervor, wie gerade das Geld Judas zum Verhängnis war. Nur Matthäus läßt Judas selbst nach der Geldbelohnung fragen: «Was wollt ihr mir geben, wenn ich ihn euch ausliefere?» (Mt 26, 15). Damit deckt Matthäus das Geldmotiv seines Handelns auf, eine Wurzel seines Wesens: Geldgier und Habsucht. Diese Schilderung des Charakters des Judas stimmt auffallend mit Johannes überein, der bei anderer Gelegenheit bemerkt: «Er legte auf die Seite», «er unterschlug» (Joh 12, 6). Nur Matthäus weiß um den ausbedungenen Verräterlohn in der Höhe von dreißig Silberlingen: «Sie zahlten ihm dreißig Silberlinge aus» (Mt 26, 16). Lukas und Markus berichten ganz allgemein und matt das Versprechen «Geld zu geben» (argurion dounai). Diese genauere Angabe des Zöllnerevangelisten ist umso bezeichnender, als doch sonst gerade Markus in lebendiger, anschaulicher Schilderung, in der Aufführung von Einzelheiten in Erzählungsabschnitten Matthäus voransteht. Nur Matthäus berichtet im Zusammenhang mit dem düsteren Ende des Verräters die Verwendung des Blutgeldes zum Ankauf eines Begräbnisplatzes für Fremde. Dabei zeigt sich wieder die Genauigkeit in der Schilderung von Geldverhältnissen. Er verfolgt die dreißig Silberlinge mit einer hartnäckigen Ausdauer, mit einem kaufmännischen Scharfblick und Interesse vom Zeitpunkt des Vertrages und ihrer Aushändigung durch die Hohenpriester bis zum Aufklirren im Tempelhaus und vom Heiligtum bis zu ihrer Verwendung zum Ankauf des Töpferackers als Begräbnisplatz für Fremde und damit zur Erfüllung einer Jeremiasprophetie. Der ganze Abschnitt (Mt 27, 3—10) wirkt so als das reinste «Geldkapitel». Dabei schildert Matthäus den Verräter so, daß man förmlich sieht, wie ihm das Blutgeld, mit dem er den Herrn verhandelt, an den Händen brennt. Ihm, Matthäus, der selbst die Heimtücke des Mammons (Mt 6, 24) kannte und der als israelischer Steuerpächter seinen Stammes- und Glaubensgenossen Abgaben erpreßte, wobei es ihm öfters widerfahren sein dürfte, daß man ihm «das Geld hinwarf» (Mt 27, 5), ist eine Szene wie diese tiefer und lebendiger im Gedächtnis haften geblieben. Nichts ist ihm entgangen. Er weiß, wie Judas den Synedristen die dreißig Silberlinge zurückbringt, sie klirrend ins Tempelhaus schleudert, so daß sie die Priester aufheben mußten. Es ist ihm nicht entgangen, wie ihr einziges Bedenken war, dieses Blutgeld könnte den Tempelplatz verunreinigen, wobei er sich für Tempelschatz eines Wortes bedient, das nur einzig in seinem Evangelium sich findet: korbanas, gräzisierte Form für hebr. qorban, aramäisch qorbanah Geschenk, Geweihtes. Auch im letzten Matthäuskapitel ist nochmals von Geld die Rede. Unmittelbar bevor Matthäus den Schlußstein zu seinem Evangelium setzt, den Missions- und Taufbefehl an alle Völker, berichtet er noch die Bestechung der Grabeswächter mit Geld von Seiten der Hohenpriester und Ältesten, um die Soldaten zur Aussage zu überreden: «Während wir schliefen, sind die Jünger gekommen und haben ihn gestohlen» (Mt 28, 11—15). Matthäus gibt zwar die Geldsumme nicht an, aber deutet doch mit den Worten «reichlich Geld» an, daß es eine beträchtliche Summe gewesen sein muß, die dann ihre Wirkung nicht verfehlte. Denn die Soldaten nahmen die blinkenden Münzen und taten, wie ihnen bedeutet worden war. Auch dieses Stück ist Sondergut des Zöllnerevangelisten.

Der Messiasprediger Christi

Aber das Matthäusevangelium ist nicht nur das Evangelium eines Zöllners, der viel von Geld und Münzen spricht, es ist vor allem das Evangelium vom Messias, geschrieben von einem Juden für die Juden. Das ist das Hauptthema des Matthäusevangeliums. Denn wie eine Zentnerlast lag es seit seiner Bekehrung auf Matthäus, daß sich die Juden, denen er sich durch seine Abstammung verbunden wußte, nicht zu Christus bekehrten, sondern sich in ihrem Unglauben immer mehr verhärteten, verstockten und versteinerten. Der Schmerz darüber ließ ihn, wohl in den Jahren 45—50 n. Chr., zum Schreibrohr greifen. Ja, er wollte ihnen den Beweis schon erbringen, daß Jesus von Nazaret in der Tat der von den Propheten vorhergesagte Messias des Alten Bundes ist und daß in ihm alle Weissagungen über den Messias in Erfüllung gegangen sind. Seine jüdischen Landsleute sollten sehen, daß der ehemalige Steuerpächter von Kafarnaum das Rechnen noch nicht verlernt hatte. Wie ein guter Buchhalter wollte er die ausstehenden Passivposten des Alten Bundes aufschreiben und ihre endgültige Begleichung im Neuen Bund durch Jesus nachweisen. Und so schrieb er sein Evangelium vom Messias. Es ist ein gewaltiges Werk geworden, eine großangelegte Abrechnung zwischen Altem und Neuem Bund, eine Bilanz zwischen Verheißung und Erfüllung. Matthäus, der große Zeuge für den Einklang zwischen Altem und Neuem

Testament, von den Glasmalern, Miniaturmalern und Bildhauern mit Recht dargestellt, wie er auf den Schultern der Propheten getragen wird, schreibt immer wieder: «Das ist geschehen, damit das Schriftwort in Erfüllung gehe...» Wie ein roter Faden durchzieht dieser Satz, der sechzehnmal vorkommt, das ganze Evangelium. Durch Prophetenmund ist vorhergesagt: der Messias wird Sohn einer Jungfrau sein. Tatsächlich: in jungfräulichem Schoß ist er von der Jungfrau Maria empfangen worden (Mt 1, 22—23). Durch Prophetenmund ist vorhergesagt: in Betlehem, einer Stadt im Lande Juda, wird er geboren werden. Tatsächlich: in Betlehem ist er geboren worden (Mt 2, 5—6). Durch Prophetenmund ist vorhergesagt: aus Ägypten wird er heimgerufen werden. Tatsächlich: nach seiner Flucht ist er aus Ägypten heimgekehrt (Mt 2, 15). Durch Prophetenmund ist vorhergesagt: er wird Nazarener genannt werden. Tatsächlich: in Nazaret ist er aufgewachsen (Mt 2, 23). In dreimal sieben Prophezeiungen rechnet er mit den Juden ab. Er läßt Tatsachen sprechen. Jedem «Soll» des Alten Bundes entspricht das «Haben» des Neuen Bundes, jedem «Soll» einer messianischen Weissagung das «Haben» einer Erfüllung in Christus. Wahrhaftig, zwingend ist das Fazit seiner Bilanz: Jesus von Nazaret ist der wahre, von den Propheten verheißene Messias. Er ist der neue Mose. War Mose Gesetzgeber auf dem Berg Sinai, so Christus auf dem Berg der Seligkeiten. Die fünf großen Reden Jesu erinnern an die fünf Bücher des Pentateuch. Er ist «Herr auch über den Sabbat» (Mt 12, 8). Er ist auch der neue Elija durch seine Gabe, Wunder zu wirken: im Wunderkapitel (8—9) hat Matthäus zeitlich auseinanderliegende Wunder stichwortartig in dreimal drei Wunderberichten kunstvoll zusammenkomponiert. Jesus ist der neue, eigentliche Salomo dank seiner Weisheit und Anziehungskraft. Hatte Salomo den Besuch der Königin von Saba und ihre Geschenke empfangen, so empfängt Christus die Weisen aus dem Morgenland, die Gold, Weihrauch und Myrrhe bringen. Er ist der neue David durch seine dreifache Funktion als König, Prophet und Priester. Ihm rufen die Blinden am Wege zu: «Sohn Davids, erbarme dich unser!» (Mt 9, 27; 20, 30). Ihm jubeln die Volksscharen und Kinder zu: «Hosanna dem Sohne Davids!» (Mt 21, 9.15). Das ist auch die tragende Idee des Stammbaumes Jesu: er ist der Sohn Davids. Er ist mehr als Abraham, mehr als Jakob, mehr als Mose, mehr als David, mehr als Salomo (Mt 12, 42), mehr als Jona (Mt 12, 41). Er überragt seine Vorgänger vieltausendfach. Er ist es, auf den die Jahrtausende gewartet haben. In ihm sind alle Hoffnungen erfüllt und in ihm werden alle Völker gesegnet werden.

Dieses großartige Evangelium von dem durch die Propheten verheißenen Messias schrieb Matthäus als Jude für Juden in aramäischer Sprache, wahrscheinlich zwischen 45—50 n. Chr. Denn das Aramäische war damals die Landessprache Palästinas und die Muttersprache Jesu. Von dieser aramäischen Urschrift des Matthäusevangeliums berichtet Papias von Hierapolis († um 130), ein kleinasiatischer Bischof und Schüler des Apostels Johannes um 125 n. Chr. Er weiß von einer Zeit, da nur der aramäische Urtext des Matthäus verbreitet war und «jeder ihn übersetzte, so gut er konnte». Dieses aramäische Matthäusevangelium ist nicht mehr vorhanden und uns leider verloren gegangen. Denn als im Jahre 66 n. Chr. der jüdisch-römische Krieg ausbrach, flohen die Christen der judenchristlichen Gemeinden Palästinas vor den Schrecken und Greueln des Krieges ins Ostjordanland und nach Syrien, wo sie in den hellenistischen Gemeinden aufgingen oder in sektenhafter Absonderung verkümmerten. Auf dieser Flucht muß auch der kostbare Schatz des aramäischen Urmatthäus verloren gegangen sein.

Was uns verblieb, ist die griechische Fassung des Matthäusevangeliums in der zur Zeit Christi der ganzen Mittelmeerwelt gemeinsamen Umgangssprache «koine». Dieses griechische Matthäusevangelium, das vor der Zerstörung Jerusalems im Jahre 70, also zwischen 62—70, abgefaßt worden sein dürfte, ist keine wörtliche Wiedergabe der aramäischen Urschrift. Der Übersetzer bediente sich noch eigener Quellen und benutzte wohl auch das griechisch abgefaßte Markusevangelium, das zur Zeit der Übersetzung bereits vorlag. Doch ist es in der Substanz mit dem semitischen Original identisch und damit das älteste Evangelium des Neuen Testamentes. Jedenfalls bezeugt dies die alte Kirche in seltener Einhelligkeit. Die heutige Reihenfolge: Matthäus, Markus, Lukas, Johannes entspricht dem Alter der Evangelien.

Der Lehrer der Lehre Christi

Ein weiteres wichtiges Merkmal des Matthäusevangeliums: es ist das Evangelium eines begnadeten Lehrers. Matthäus ist «der» Lehrer unter den Evangelisten und stellt Jesus betont als Lehrer dar. Was Jesus lehrte, hat er übersichtlich zusammengestellt. Denn als ehemaliger Zollbeamter liebte er die Übersichtlichkeit, die klare Disposition, die leuchtende Ordnung, die Gliederung nach festen Zahlenverhältnissen, die Zusammengruppierung des Gleichartigen, Sach- und Formverwandten. Sein Evangelium ist ein wohlgegliedertes Ganzes mit klarem Umriß und fester, äußerer Struktur, ein großartiges jüdisch-semitisches Kunstwerk. Wie der siebenarmige Leuchter im Tempel zu Jerusalem gliedert es sich in sieben Teile. Diese aber stehen nicht einfach zusammenhanglos nebeneinander sondern bilden ein festes Gefüge. Der erste und letzte Teil haben berichtenden, erzählenden Charakter und umrahmen und umklammern das Ganze. Die fünf mittleren Teile, das eigentliche corpus des Evangeliums, gruppieren sich um die fünf großen Reden Jesu, die Logia Christi: die Bergpredigt (5—7), die Aussendungsrede (10), die Gleichnisrede (13), die Unterweisungsrede (18), die große eschatologische Rede (24—25). In den fünf Blöcken dieser Lehrabschnitte hat Matthäus zusammengefaßt, was Jesus lehrte. Jeden dieser fünf Abschnitte beschließt er mit den Worten: «... und es geschah, als Jesus diese Worte vollendet hatte» (Mt 7, 28; 11, 1; 13, 53; 19, 1) und den letzten Lehrabschnitt mit den Worten: «... als Jesus alle diese Worte vollendet hatte» (Mt 26, 1). Matthäus ist der große Systematiker, der übersichtlich zusammenstellt, was zeitlich auseinanderlag. So gruppierte er unter dem Stichwort «Gleichnisse» eine Reihe von Parabeln in der von ihm bevorzugten und oft verwendeten Siebenzahl zu einer Gedankeneinheit zusammen und schuf so das Parabelkapitel. Sein Vorgehen, sach- und formverwandte Abschnitte zusammenzugruppieren, ist ganz das Vorgehen des Finanzmannes, der bei Kassaabschluß die gleichen Münzen aufstapelt und zueinanderlegt: das Kupfergeld zum Kupfergeld, das Silbergeld zum Silbergeld, den Denar zum Denar, so daß er aus dieser Zusammengruppierung rasch und leicht den Kassastand übersehen kann.

Wenn aber Levi-Matthäus mit Vorliebe Zahlen verwendete, hatte das noch einen andern Grund. Als Lehrer und Katechet wollte er, daß seine jüdischen Landsleute die Lehren Jesu im Gedächtnis behalten. Die Rabbiner wandten, um ihren Schülern den Lehrstoff unauslöschbar einzuprägen, memotechnische Kunstgriffe an: Parallelismus, Symmetrie, regelmäßige Wiederholung wichtiger Worte, heilige Zahlen wie drei, fünf, sieben, vierzehn. Auch Matthäus wandte diese klassischen Hilfsmittel zum Memorieren an, ordnete den Stoff so, daß er sich leicht behalten ließ, gliederte ihn in Dreier-, Fünfer- und Siebnergruppen. So gingen drei Botschaften an Josef. Dreimal verleugnete Petrus den Herrn. Dreimal fragte Pilatus Jesus. Eine andere Lieblingszahl des Zöllnerevangelisten ist die Zahl fünf. Fünf große Reden hielt Jesus. Fünfmal sagte er in der Bergpredigt: «... Ich aber sage euch ...» Mit fünf Broten sättigte er die fünftausend Menschen in der Wüste, erzählte das Gleichnis von den fünf törichten und fünf klugen Jungfrauen. Auch die Zahl sieben, die heilige Zahl der Vollkommenheit, verwendete Matthäus als Lehrer oft. Sein Evangelium besteht aus sieben Teilen. Die Bergpredigt begann wohl ursprünglich mit sieben Seligpreisungen, und nicht, wie infolge einer Wiederholung in unserem jetzigen Text, mit acht. Sieben Bitten enthält das Vaterunser und das Gleichniskapitel sieben Gleichnisse vom Reiche Gottes. Nicht «siebenmal sondern siebzigmal siebenmal» (Mt 18, 22) sollen wir einander verzeihen. Im Kapitel 23 ertönt siebenmal das «Weh euch!» gegen die Schriftgelehrten und Pharisäer. Auch der Stammbaum Jesu, den Matthäus an die Spitze seines Evangeliums gestellt hat, ist ein gutes Beispiel dafür. Wie ein geübter Buchhalter zählt er Christi Vorfahren auf: «Im Ganzen sind es vierzehn Geschlechter von Abraham bis David, vierzehn Geschlechter von David bis zur Wegführung nach Babylon, und vierzehn Geschlechter von der Wegführung nach Babylon bis auf Christus» (Mt 1, 17). Im Hebräischen gibt es keine Ziffern. Wenn Zahlzeichen erforderlich sind, werden sie durch Buchstaben des Alphabets dargestellt. Der hebräische Name: «Dvd» (David) ergibt den Zahlwert 4 + 6 + 4 = 14. 14 ist also die «David-Zahl». Wenn Matthäus den Stammbaum Jesu in drei Vierzehner-Reihen aufgliedert, will er damit sagen: Jesus ist der dreimal davidische Sproß, die messianische Edelblüte. Er ist der König Israels, der ewig König bleibt und über ein Reich herrscht, das kein Ende finden wird, und dieses Reich ist die Kirche. Und so beschließt Matthäus, der Lehrer unter den Evangelisten, sein Evangelium mit dem Blick auf die Kirche, mit dem weltweiten Auftrag Jesu an seine Jünger «alle Völker zu Schülern zu machen» und sie zu «lehren» (Mt 28, 18—20). Matthäus, der Judenchrist, ist nicht engherzig, sondern hat den weiten, universalen Blick für die Völkermission, er ist missionsfreudig. Nach einer Nachricht der frühen Kirche soll er nach anfänglicher Wirksamkeit bei den

Landsleuten in Palästina gegen Ende seines Lebens als Missionar «zu andern Völkern» gegangen sein. Aethiopien wurde sein Missionsgebiet. Dort soll er den Martyrertod erlitten haben.

MARKUS, GEHILFE UND GEFÄHRTE DER APOSTEL

Man hat das Markusevangelium, wohl weil es das einfachste und kürzeste ist, jahrhundertelang verkannt und weniger beachtet als die andern Bücher des Neuen Testamentes. In der alten Kirche gab es kaum einen Kommentar, der sich mit diesem Evangelium beschäftigte. Die Auffassung des Augustinus, daß Markus dem Evangelium des Matthäus gefolgt sei und dieses abgekürzt habe, hat zu dieser stiefmütterlichen Behandlung viel beigetragen. Heute aber findet Markus bei einer wachsenden Zahl der Gläubigen immer größeres Interesse. Seine Knappheit, seine Unmittelbarkeit und Frische und die Tatsache, daß ihm Fakten wichtiger sind als erbauliche Worte, stempeln ihn zum ursprünglichsten der vier Evangelisten. Wer war dieser Evangelist?

Das Monogramm des Markus

In seinem Evangelium findet sich bei der Gefangennahme Jesu im Garten von Getsemani eine kleine, merkwürdige Notiz, die sich nur bei ihm und sonst bei keinem andern Evangelisten findet, die aber auch unser Interesse erweckt. Es sind die beiden unscheinbaren Verse: «Ein gewisser Jüngling aber, ein Leintuch auf dem bloßen Leib übergeworfen, folgte ihm. Da packten sie ihn. Er aber ließ das Leintuch fahren und floh nackt davon» (Mk 14, 51—52). Daß Markus diese für die Heilsgeschichte völlig bedeutungslose Episode in sein Evangelium aufnahm, läßt sich wohl kaum anders erklären, als daß hier eine persönliche Erinnerung des Evangelisten vorliegt und er selbst der Jüngling war, der, nur mit einem Leintuch notdürftig bekleidet, Jesus nachfolgte. Wie der Künstler seinen Namen, das Monogramm, verborgen in eine dunkle Ecke des Gemäldes setzt und damit sagen will: ipse fecit, so setzte auch Markus mit diesen beiden Versen sein Zeichen an den Rand des Evangeliums. Sie sind eine getarnte Selbstschilderung, eine geheime Signatur des Verfassers. Markus zeichnete damit sich selbst, nicht in heldenhafter Stellung und ruhmvoller Pose, sondern bescheiden, unscheinbar in der Haltung des unsicheren Jünglings, der in jugendlicher Neugier Jesus folgte, dann aber, als die Kriegsknechte ihn, den unerbetenen Zeugen, zu packen versuchten, angstvoll floh, um sein Leben zu retten. Der Evangelist porträtierte in dieser geheimnisvollen Nebenperson des Gemäldes sich selbst und bezeugte damit seine innere Anteilnahme am Geschehen.

Die zarte Zeichnung dieser nächtlichen Begebenheit hat ihren eigentümlichen intimen Reiz. Sie untermauert die Vermutung und steigert sie beinahe zur Gewißheit, daß der Evangelist Markus bei der Verhaftung Jesu im Garten von Getsemani mit dabei war, freilich nur als stummer Augenzeuge, doch mit dem brennenden Interesse des jungen Menschen, der wissen wollte, wie es mit der Sache Jesu weiterging. Der frühchristliche Schriftsteller Papias meint zwar einmal, ohne auch nur den Versuch eines Beweises zu machen: «Markus hat den Herrn nicht im Fleisch gesehen und ihn auch nicht gekannt.» Mit der autobiographischen Notiz vom Jüngling, der Jesus nachfolgte, nur mit einem Leintuch notdürftig bekleidet, fällt die Behauptung des Papias in sich zusammen. Natürlich hat Markus Jesus gesehen! Er war in der Stunde der Gefangen-

nahme selbst mit dabei, und zwar nicht nur äußerlich, sondern auch innerlich mit dem liebenden Herzen des jungen Menschen.
Wie kam es dazu, daß der halbwüchsige Markus der mitternächtlichen Verhaftung Jesu beiwohnte? Um uns davon eine Vorstellung machen zu können, müssen wir die kleinen biblischen Hinweise sorgfältig einsammeln und sie, wie der Mosaikkünstler Steinchen um Steinchen, zum lebendigen und leuchtenden Ganzen zusammenfügen. Markus führte von Jugend an zwei Namen. Mit seinem hebräischen Namen hieß er Johannes (Apg 13, 5. 13) und mit seinem römischen Namen Markus (Apg 15, 39). Oft aber wird er mit seinem Doppelnamen Johannes Markus (Apg 12, 12. 25; 15, 37) genannt. Markus stammte aus einer wohlhabenden Familie. Seine Mutter, Mirjam mit Namen, war die Witwe eines zyprischen Weinhändlers und hatte sich nach dem Tode ihres Gatten in Jerusalem niedergelassen. Der Wunsch, ihrem einzigen Sohn eine Erziehung in der pharisäischen Tradition zu geben, die auch in ihrem Elternhaus geherrscht, hatte sie nach der Hauptstadt gezogen. Hier besaß sie auf der Höhe des heutigen Berges Sion ein großes, stattliches Haus mit einem sogenannten «Obergemach» (Apg 12, 12).

Dieses «Obergemach» war ein auf dem flachen Dach gebauter söller- oder laubenartiger Aufbau, zu dem an der Außenseite des Hauses eine Treppe hinaufführte. Er bestand gewöhnlich nur aus einem einzigen Raum, griechisch anagaion genannt. Der Fußboden war in reichen Häusern mit Teppichen belegt. Darauf standen Ruhebetten, so daß das Zimmer sowohl als Speise- wie auch als Schlafraum verwendet werden konnte. Die Bürger von Jerusalem waren verpflichtet, das Obergemach an Ostern den Festpilgern für das Essen des Osterlammes zu überlassen. Die Pilger zahlten nichts für die Miete. Es war aber Sitte, daß sie dem Eigentümer des Hauses das Fell des geschlachteten Osterlammes überließen.
Dieser Söllersaal auf der Dachterrasse ihres Hauses stellte nun auch Mirjam, die Mutter des Markus, Jesus von Nazaret und seinen Jüngern als Versammlungsraum zur Verfügung. Hier im Obergeschoß feierte Jesus am Abend vor seinem Leiden und Sterben das Abendmahl. Zwar konnte Markus am Abendmahl nicht teilnehmen. Denn er war kein Jünger Jesu und gehörte nicht zu seinem engern Kreis. Aber wer hätte den sympathischen Knaben, der sich von Jesus so außerordentlich angezogen fühlte, den Sohn der edlen Gastgeberin und besorgten Hausmutter Mirjam,

verscheuchen wollen? Einige Worte Jesu im Abendmahlssaal muß er doch aufgefangen haben. Vielleicht waren es gerade die Worte: «Einer von euch wird mich verraten» (Mk 14, 18). Markus spürte die Spannung, die über diesem Abend lag. Als dann gegen Mitternacht Jesus mit seinen Jüngern das Haus verlassen hatte und bereits die kühle Nachtluft durch die offenen Fenster einzudringen begann, mahnte ihn wohl seine Mutter, sich jetzt endlich schlafen zu legen. Kaum aber hatte sich Markus hingelegt, wurde er durch den Lärm vieler schwerer Schritte jäh aus dem Schlaf geweckt. Er hörte ein heftiges Klopfen draußen am Hoftor, Stimmengewirr und das Klirren von Waffen. Markus begriff sofort, daß es das Überfallkommando war, das Jesus hier unauffällig gefangennehmen wollte. Er hörte dann, wie Judas, der Anführer der Bande, sagte, der Gesuchte sei nicht mehr hier, sie müßten weiterziehen und es im Garten von Getsemani versuchen. Vielleicht, daß er sich jetzt dort aufhalte. Er kenne die Rastplätze des Rabbi genau. Wie Markus das hörte, sprang er auf, warf schnell ein Tuch um, über dem bloßen Leib, schlich sich heimlich aus dem Haus und folgte den schwankenden Laternen ins Kedrontal. Vielleicht wollte er in jugendlichem Eifer Lärm schlagen und

Jesus warnen, daß Männer mit Schwertern und Knüppeln nach ihm gefragt hätten. Vielleicht aber war er auch nur getrieben von jugendlicher Neugier. In sein Leintuch gehüllt, folgte er Judas und der Wache, bald in den Schatten tretend, bald verstohlen mitlaufend. Vielleicht stand er unbemerkt in der Nähe des Gartens von Getsemani, als einer der Zwölf, Judas Iskarioth, vortrat und Jesus verriet. Dann kann er alles gehört und gesehen haben: wie Judas auf Jesus zuging, ihn küßte und sagte: «Sei gegrüßt Meister!» (Mk 14, 45), und dann das Waffenklirren des entstehenden Tumultes, und wie im fahlen Mondlicht plötzlich das Schwert des Petrus aufblitzte, um im nächsten Augenblick krachend auf den Helm des Malchus niederzufahren, dem er das Ohr abhieb (Mk 14, 47). Dann hörte er auch, wie Jesus ihnen vorhielt: «Wie gegen einen Bandenkrieger seid ihr mit Schwertern und Knüppeln ausgezogen, um mich zu fangen. Täglich saß ich bei euch im Heiligtum und lehrte, und ihr habt mich nicht ergriffen (Mk 14, 48—49). Dann sah er auch, wie sich Jesus in ihre Hände übergab (Mk 14, 46) und wie die Apostel alle Fassung verloren und flohen (Mk 14, 51). Dann erst, als niemand mehr da war, mag er sein Versteck verlassen haben und Jesus und den Häschern gefolgt sein. Offenbar zeigte er dabei zu großes Interesse und machte sich allzusehr bemerkbar. Die Soldaten bemerkten ihn, griffen nach ihm und wollten ihn festnehmen. Er aber ließ sein einziges Bekleidungsstück fahren und floh.

Drückeberger und Deserteur?

Das Haus der Mirjam, in dessen geweihter Atmosphäre der junge Johannes Markus heranwuchs, war nicht nur der Ort des Abendmahles. Es wurde immer mehr der Treffpunkt der jungen Christengemeinde von Jerusalem, zur ersten urchristlichen Kirche. Hier erschien der Auferstandene seinen Jüngern am Tag der Auferstehung hinter verschlossenen Türen (Joh 20, 19). Hier gingen die Apostel ein und aus und besprachen ihre Sorgen, Pläne und Erfolge. Einmütig versammelt mit Maria, der Mutter Jesu, verharrten sie hier im Gebet (Apg 1, 14). Hier war es auch, als an Pfingsten der Heilige Geist in Feuerzungen auf sie herabkam und das ganze Haus erfüllte (Apg 2, 1—2). Später erhielt das Elternhaus des Johannes Markus den Ehrentitel «Mutter aller Kirchen», «Sionskirche», «Kirche der Apostel». Hierher flüchteten die bedrängten Christen in den kummervollen Tagen und Nächten der Verfolgung durch den Hohen Rat, durch Saul und Herodes Agrippa und beteten für die Errettung des gefangenen Petrus, der aber im gleichen Augenblick schon draußen am Tore des Hofeinganges stand und um Einlaß begehrte. Auf sein Klopfen ging Rhode, die Magd des Hauses, an die Pforte, um zu horchen. Als sie auf ihr «Wer da?» in der Antwort die Stimme des Petrus erkannte, schloß sie vor Freude die Türe gar nicht auf, sondern rannte hinein zu den Betern und Beterinnen und meldete ihnen, Petrus stehe vor der Pforte. Diese sagten zu ihr: «Du bist meschugge!» Sie aber beteuerte, es sei doch so. Und als man ihm nun endlich öffnete, stand er wirklich leibhaftig da und erzählte, wie der Herr ihn wunderbar aus dem Gefängnis befreit habe (Apg 12, 12—17). All die Ereignisse dieser Tage mit ihren Hoffnungen und Ängsten und den erregenden Impulsen eines neugeborenen Glaubens prägten sich der empfindsamen Seele des jugendlichen Markus unauslöschlich ein. Die Versammlungen der ersten Christen im Hause seiner Mutter wurden für ihn entscheidend.

Kein Wunder, daß Markus, dieser begabte und guterzogene junge Mann im Gemeindeleben der Christen bald eine bedeutende aktive Rolle zu spielen begann. Die Christen in Antiochien, einer blühenden Stadt an der Küste Syriens, die heute zur Türkei gehört und Antakya heißt, hatten im Jahre 44 den notleidenden Mitbrüdern in Jerusalem durch zwei Gesandte Hilfsgelder zukommen lassen. Diese beiden Boten waren Paulus aus Tarsos und sein Gefährte Barnabas, der Levit war und aus Zypern stammte. Wahrscheinlich logierten sie während ihres Aufenthaltes in Jerusalem im Haus der Mirjam, der Schwester des Barnabas, der ihr sehr nahe stand. Denn er war der offizielle Beschützer und Behüter seiner Schwester, der Sachwalter ihres Vermögens und der geistliche Führer ihres Sohnes Markus. Als nun Barnabas und Paulus nach ihrer Rückkehr nach Antiochien im Jahre 45 ihre erste Missionsreise antraten, nahmen sie als Gehilfen und Begleiter auch Markus mit (Apg 13, 5). Er teilte mit ihnen die Strapazen der Reise auf der Insel Zypern und übernahm wohl auch hin und wieder eine Taufe oder Predigt. Als sie aber an der Küste Kleinasiens in Perge angelangt waren, verließ Markus seine beiden älteren Reisegefährten und kehrte nach Hause zurück (Apg 13, 13).

Die Gelehrten haben für diese in der Apostelgeschichte nicht weiter erklärte Trennung einen Grund zu finden versucht. Doch wir werden niemals erfahren, warum Markus sich zur Umkehr entschloß. Vielleicht war es deshalb, weil sich immer mehr zeigte, daß Paulus die führende Rolle auf seinen Reisen für sich beanspruchte, und weil es Markus mißfiel, daß sein Onkel immer mehr in den Hintergrund gedrängt wurde. Für den jungen Markus war es gewiß nicht leicht, Paulus, auf dem noch der Schatten des gesteinigten Stephanus lag, als Führer der Abordnung anzuerkennen.

Vielleicht fürchtete er sich vor dem Aufstieg ins Hochland von Pisidien. Denn da in den Schluchten des Taurusgebirges gab es nicht mehr die bequemen Straßen wie in Jerusalem, sondern nur unwirtliche Bergpfade, hart an steilen Felswänden entlang und an schwindelerregenden Abgründen vorbei, weggerissene Brücken, Steinschlaggefahr und lauernde Räuberbanden, die in Berghöhlen längs der Straße hausten. Stundenlang ging es durch einsame Bergtäler, über steiles Geröll und schäumende Bäche hinweg. Als Großstadtkind fühlte sich Markus all dieser Strapazen, Schwierigkeiten und Gefahren, vor denen ihm vielleicht der Wirt im Gasthaus zu Perge Angst gemacht hatte, nicht gewachsen.

Vielleicht waren ihm, aufgewachsen in Jerusalem, inmitten der Alt-Apostel in jüdischer Tradition, Zweifel daran gekommen, den Heiden das Evangelium zu predigen. Er betrachtete noch immer die Sendung zu den Juden als Hauptsache und die Sendung zu den Heiden als untergeordnet.

Vielleicht befand er sich noch in einem Entwicklungsstadium, in dem junge Menschen gern etwas beginnen und unternehmen, aber ungern etwas zu Ende führen. Vielleicht hatte der junge Mann — wie Chrysostomus († 407 n. Chr.) einmal vermutet hat — ganz einfach Heimweh nach seiner Mutter. Wie immer es sich damit auch verhalten haben mag, Tatsache bleibt: Markus eröffnete seinem Onkel den Entschluß umzukehren und fuhr mit dem nächsten Schiff nach Hause.

Paulus fiel es lange Zeit schwer, dem Deserteur seine plötzliche Umkehr zu verzeihen. Bei der zweiten Missionsreise wollte er Markus, der sich abermals als Begleiter angeboten hatte, nicht mehr mitnehmen. Ja, es kam deswegen sogar zu einem heftigen Streit zwischen Paulus und Barnabas. Und das Ende dieser Auseinandersetzung war, daß sich die beiden Missionare trennten und Barnabas seinen Neffen Markus mit auf die Reise nahm (Apg 15, 37—39). Später aber vergab Paulus Markus und zog ihn wieder in seinen inneren Kreis. In seiner römischen Gefangenschaft wurde er dem Apostel Paulus ein wertvoller Mitarbeiter. Zweimal finden wir Markus an der Seite des gefangenen Apostels. Das erste Mal, in seiner ersten Gefangenschaft, empfiehlt ihn Paulus den Kolossern und nennt ihn seinen «Mitarbeiter für das Gottesreich», der ihm «zum Trost» geworden sei (Kol 4, 10—11; Phlm 24). Das zweitemal, in der zweiten römischen Gefangenschaft, bittet Paulus seinen Jünger Timotheus: «Bring mir ja den Markus mit; denn ich kann seine Dienste gut gebrauchen» (2 Tim 4, 11).

Freund und Gefährte des Petrus

Der entscheidende Einfluß im Leben des Markus war jedoch seine enge Verbindung mit Petrus. Dieser war nach seiner Flucht aus Jerusalem im Jahre 42 nach Rom gegangen. Hier hatte er sich im Judenviertel jenseits des Tibers in Trastevere niedergelassen und eine große Christengemeinde gegründet. Der einfache Fischer aus Galiläa mit seiner anschaulichen, bildhaften Sprache, seiner freundlichen Schlichtheit und warmherzigen, gewinnenden Art zog viele an.

Unzählige Juden und Heiden kamen zu den Gottesdiensten, um seine Predigt zu hören.
Zu ihm stieß nun auch sein Schüler Johannes Markus. Mit ihm verband ihn eine langjährige, innige Freundschaft. Diese Freundschaft reicht weit zurück, wohl in die Zeit, als Petrus zu Jerusalem im Elternhaus des Markus ein- und ausgegangen war. Dort waren sie einander zum erstenmal begegnet und hatten einander liebgewonnen. Die imponierende Gestalt des Fischers aus Galiläa hatte es dem heranwachsenden, vaterlosen Knaben mächtig angetan. Zu ihm schaute er empor als zu seinem Führer und geistlichen Vater. Durch die Taufe war er sein Wahlsohn geworden. «Markus, mein Sohn» (1 Petr 5, 13) nennt der große, alte Mann ihn liebevoll am Ende seiner ersten Epistel. In Antiochien, wo Petrus zu den führenden Männern der Kirche zählte, waren sie sich wohl wiederbegegnet, und so hatte sich ihre Freundschaft in der gemeinsamen Arbeit für Christus noch vertieft.
Petrus, der die Geistesgaben seines jungen Freundes kannte, war froh, daß Markus zu ihm kam, denn er konnte seine Dienste gut gebrauchen. Denn Markus, der aramäisch sprach, aber im Hause seiner Mutter Mirjam auch die griechische Sprache erlernt hatte, war sprachgewandter

als er, der galiläische Fischer, und übersetzte jeweils frei die Worte, die Petrus vom Herrn gehört hatte. Auch die römischen Christen kannten diese Begabung des Markus. Deshalb baten sie ihn, ihnen alles niederzuschreiben, was Simon, Bar Jona, vom Erdenwandel des Erlösers sagte und verkündete. Damit kam für Markus seine große Stunde. Mit hohem Verantwortungsgefühl machte er sich an die Arbeit und schrieb für die römischen Christen — es war in der zweiten Hälfte der fünziger Jahre oder am Anfang der sechziger Jahre — als erster in griechischer Sprache das Evangelium, die Froh- und Heilsbotschaft von Jesus Christus, dem Sohne Gottes.

Es gab damals im römischen Reich überall Schreibstuben mit Berufsschreibern. In diesen Schreibstuben diktierte der «Vorleser» den Text aus dem durchgesehenen Original, und die Schreiber, ausgebildete und geübte Kalligraphen, fertigten nebeneinander die Abschriften ab. Jedes einzelne Exemplar mußte von der ersten bis zur letzten Zeile mit der Hand geschrieben werden. Jede so hergestellte Auflage umfaßte soviele Exemplare, wie Schreiber gleichzeitig daran tätig waren. Literarisch gebildete und vermögende Römer wie Cicero und Lucullus hatten ihre eigenen Schreiber im Haus. Manche Schreibstuben hatten bis zu 20 Schreiber. Wir wissen heute ziemlich genau, wie diese Schreibstuben aussahen, seit in Qumran am Toten Meer ein solches scriptorium ausgegraben wurde. Es befand sich dort im ersten Stockwerk des Gebäudes. Es enthielt noch die Reste eines schmalen Tisches von fünf Metern Länge, eine Steinbank, ein Waschbecken für die Hände mit kleinen Einbuchtungen rund um den Rand und schließlich zwei Tintenfässer, eines aus Bronze, das andere aus Ton. Eines enthielt noch die Reste von ausgetrockneter Tinte. Einer solchen Schreibstube übergab nun auch Markus das Original seines Evangeliums, wo es sorgfältig abgeschrieben wurde. Mit diesem seinem Evangelium schuf Markus eine ganz neue literarische Gattung, die es bis dahin nicht gegeben hatte. Er stützte sich dabei auf die zuverlässigen Nachrichten, die er als Mitglied der urchristlichen Muttergemeinde von Jerusalem hatte. Seine Hauptquelle aber waren die Mitteilungen des Petrus. Dieser war sein Gewährsmann. Sein Evangelium ist das getreue Echo der Petruspredigt. Darum nennt es Justin, der Martyrer († um 165) «die Denkwürdigkeiten des Petrus», «die Erinnerungen des Petrus», «die Memoiren des Petrus». Fast alle Ereignisse, wie sie Markus vom Herrn berichtet, sind aus dem Gesichtswinkel des Petrus berichtet. Wir sehen in seinem Evangelium die Gestalt Christi mit den Augen des Petrus und hören die Worte Christi mit den Ohren des Petrus.

Wenn auch im Markusevangelium oft die Rede von Petrus ist, wird er dabei doch nicht immer in einem vorteilhaften Licht dargestellt. Das Wort Christi über Petrus fehlt: «Du bist Petrus, der Fels, und auf diesem Felsen will ich meine Kirche bauen» (Mt 16, 18). Auch das andere Wort Jesu: «Weide meine Schafe, hüte meine Lämmer» (Joh 21, 15—17) findet sich bei Markus nicht. Dafür aber muß sich Petrus nach der ersten Leidensankündigung von Jesus sagen lassen: «Du hast nicht Gottes Sache, sondern die der Menschen im Sinn» (Mk 8, 33). Was bedenklich und beschämend ist für Petrus, sein voreiliges Wesen, seine verwegene Widerrede, sein Schlafen im Garten von Getsemani und vor allem seine dreimalige Verleumdung erzählt Markus genau und umständlich. Man darf wohl annehmen, daß sich darin die demütige Gesinnung Petri bei seiner Verkündigung vor dem Volke wiederspiegelt.

Auch der Stil des Markusevangeliums weist darauf hin, daß hinter Markus Petrus steht. Der gleiche Wortschatz wie im Markusevangelium findet sich auch in den Briefen und den Petrusreden der

Apostelgeschichte. Die Sprache des Evangelisten Markus ist nicht kunstvoll, sondern schlicht, einfach, volkstümlich, aber doch sehr anschaulich, bildhaft und kraftvoll. Markus schrieb eben nieder, wie es aus dem Herzen des Petrus kam, frisch und lebendig wie aus einer sprudelnden Quelle. Das Markusevangelium macht in sprachlicher Hinsicht durchaus den Eindruck eines erstmaligen mit Lebhaftigkeit und Frische geschriebenen Entwurfes. Von allen Synoptikern steht Markus der Sprechweise des gewöhnlichen Mannes von der Straße, wie sie in den Inschriften und Papyri der damaligen Zeit zutage tritt, am nächsten. Zu den Besonderheiten des Markus gehört es, daß er in seiner lebensvollen Kleinmalerei ständig anschauliche, kleine Einzelheiten in seine Erzählung einstreut. Auch mit dieser Detailschilderung weist das Markusevangelium ganz von selbst auf die Mitteilungen eines Augenzeugen hin. Markus gebraucht bei seinem Bericht das lebhaft schildernde praesens historicum außerordentlich häufig, 148 mal. Er liebt es, das Fortschreiten seiner Erzählung durch ein «euthus — alsogleich» zu beflügeln. Dieses Wort findet sich bei ihm 41 mal. Auch «kai — und» ist ein anderes Lieblingswort des Markus. In diesem stürmischen «alsogleich» und in diesem unaufhaltsamen «... und ... und» steckt wiederum der heiße, rasche Atem des Petrus. Markus führt auch sehr oft aramäische Worte an, die Jesus gesprochen hat. Jakobus, den Älteren, und seinen Bruder Johannes nannte er «Boanerges — Donnersöhne» (3, 17). Zum Töchterchen des Jairus sprach er: «Thalita kumi — steh auf!» (5, 41). Zu dem Taubstummen sagte er: «Effeta — öffne dich» (7, 34). Die Opfergabe heißt «Korban» (7, 11). Im Garten von Getsemani betete er: «Abba — Vater» (14, 36). Und am Kreuz rief er: «Eloi, Eloi, lama sabachthani — mein Gott, mein Gott, warum hast du mich verlassen?» (15, 34). Manchmal, wenn Petrus den Klang der Stimme Jesu zu vernehmen glaubte, konnte er nicht anders als das, was er gesagt hatte, in der Sprache wiederzugeben, die Jesus gesprochen hatte.

Welches war nun der Leitgedanke, als Markus, der Begleiter des Petrus, daran ging, sein Evangelium niederzuschreiben? «Jesus ist der Sohn Gottes», unter diesem Gesichtswinkel schrieb er sein Evangelium. Dieses beginnt er ohne lange Umschweife gleich mit den Worten: «Dies ist der Anfang der Heilsbotschaft von Jesus, dem Sohne Gottes» (Mk 1, 1). Und am Schluß seines Evangeliums taucht dieser Gedanke noch einmal auf.

Der Hauptmann, der der Kreuzigung beiwohnte, brach zuletzt in die Worte aus: «Wahrhaftig, dieser Mensch war Gottes Sohn!» (Mk 15, 39). Zwischen diese beiden Pole spannte der Evangelist Markus sein Evangelium vom Gottessohn. Dabei suchte er die göttliche Macht Jesu nicht durch lange Reden, auch nicht durch eine Wolke alttestamentlicher Weissagungen wie der Evangelist Matthäus herauszustellen, sondern durch eindrucksvolle Taten. Markus, der Evangelist der Tat, hat nur wenige Worte Jesu aufgeschrieben. Nach dem Vaterunser und der Bergpredigt sucht man bei ihm vergebens. Auch finden sich bei Markus nur 8 Gleichnisse, gegenüber 20 bei Matthäus und 29 bei Lukas und nur eine einzige längere Predigt (Mk 13, 1—37). Die Tat, das äußere Geschehen, steht bei ihm im Vordergrund. Denn bei den Römern, für die Markus schrieb, galt immer mehr die Tat als das Wort. Es sind die «Machttaten» Jesu, die Markus sprechen läßt. Der Christus des Markusevangeliums ist der große Wundertäter, der Messias, der Gottessohn. Er ist der Allbeherrscher der Natur (4, 35—41; 6, 48—49), der Dämonenbezwinger (1, 23—28; 5, 1—20); 7, 24—30; 9, 14—29), der Krankenheiler (1, 29—31) und Totenerwekker (5, 21—43). Zum Erweis der übermensch-

lichen göttlichen Machtfülle läßt Markus Tatsachen sprechen. Wunder reiht er an Wunder, Heilstat an Heilstat. Den Höhepunkt bildet die Retter- und Erlösertat auf Golgota.
Über die letzten Lebensjahre und den Tod des Markus wissen wir nichts Sicheres. Nach einer alten, zuerst bei Eusebius erscheinenden Tradition soll er nach Ägypten gegangen sein, dort die Gemeinde von Alexandrien gegründet und das Martyrium erlitten haben. Seine Reliquien waren ursprünglich in einer Kirche zu Alexandrien beigesetzt worden. Als dann nach der Eroberung Ägyptens durch die Araber diese Kirche in Alexandrien zerfiel, fühlten sich die Venezianer berechtigt und befugt, die Gebeine des Evangelisten vor dem Zugriff der Heiden in Sicherheit zu bringen. Zwei venezianische Seefahrer stahlen sie kurzerhand in Alexandrien, schmuggelten sie, verborgen unter Schweinefleisch, das die Mohammedaner nicht anrühren, aus Ägypten und kehrten dann mit ihnen im Triumph nach der Lagunenstadt zurück, wo sie von Doge, Adel und Volk mit allem erdenklichen Pomp empfangen wurden. So wurde Markus der Schutzpatron Venedigs und der Löwe des Evangelisten zum Wahrzeichen der Stadt. «Republik San Marco» nannte sich

der Inselstaat von Venedig mit Stolz auf der Höhe seiner Macht und seines Glanzes. «Evviva San Marco!» war das Feldgeschrei ihrer Truppen und das Angriffssignal ihrer Kriegsschiffe.

LUKAS,
DER GELIEBTE ARZT

Das Evangelium des Lukas ist schon als «das schönste Buch, das es gibt» (Renan), bezeichnet worden. Zweifellos, Lukas — der Name stellt eine Kurzform des lateinischen Lukanus dar — ist ein feinsinniger Schriftsteller mit weitem Horizont und dem Formgefühl des Griechen für Schönheit, Anmut und Grazie. Ein ernster Forscher, ein scharfer Beobachter und gewissenhafter Chronist, sammelte er bei Augen- und Ohrenzeugen mit der Sorgfalt des Historikers genaue Nachrichten über das Leben Jesu von der Geburt bis zur Himmelfahrt, schrieb sie sorgfältig auf Papyrusblättchen und stellte sie zu einem Buch zusammen, das er dem edlen Heidenchristen Theophilus widmete. Einer Legende zufolge soll er Maler gewesen sein. Diese Legende, die erst aus dem 6. Jahrhundert stammt, hat einen wahren Kern. Lukas hatte als Schriftsteller das offene Auge des Malers für alles Lebendige und Anschauliche. Nicht Maler der Farbe, wohl aber des Wortes, drückte er sich mit Leichtigkeit und

Eleganz aus. Seine sachlichen Berichte sind wahre Perlen der Erzählkunst. Dabei schrieb er ein reineres Griechisch als die übrigen neutestamentlichen Schriftsteller. Die ersten Verse seines Vorwortes zum Evangelium sind das beste Griechisch des ganzen Neuen Testamentes. Als Heidenchrist schrieb Lukas sein Evangelium vor allem für die Heidenchristen. In seinem Evangelium werden alle Schranken durchbrochen. Jesus ist für Juden und Heiden, für die Frommen und Sünder gekommen. Er ist der Erlöser und Heiland der ganzen Welt. Lukas ist der Künder des Universalismus.

«Mein Platz ist bei den Armen»

Aber Lukas führte nicht nur mit Meisterschaft den Federkiel des Schriftstellers, sondern auch mit gleich sicherer und ruhiger Hand das Messer des Chirurgen. Gebürtig aus Antiochien in Syrien, ein hochgebildeter Mann, eine ruhige, ausgeglichene Persönlichkeit, ein sanfter, versöhnlicher Geist, eine edle, zartfühlende Seele von treuer Anhänglichkeit bis in den Tod, war er Arzt von Beruf. Im Brief an die Kolosser schreibt Paulus: «Es grüßt euch Lukas, der geliebte Arzt»

(Kol 4, 14). Als Arzt muß er sehr viel gereist sein. Ein Kennzeichen in seinem Charakterbild ist seine Wanderlust, besonders seine Liebe zur See, die ihn Paulus so sympathisch machte. Seine genauen Angaben über Schiffahrt und Schiffahrtslinien zeigen, daß Lukas seinen Beruf hauptsächlich in Seestädten wie Troas, vielleicht auch als Schiffsarzt, ausgeübt hat. Denn im Altertum reiste niemand zum Vergnügen zur See, sondern nur im Beruf. Lukas hatte die Routenkarte, ebenso die Einteilung der römischen Provinzen klar im Kopf.

Noch finden sich in seinem Doppelwerk: dem Evangelium und der Apostelgeschichte, die auch aus seiner Feder stammt, Dutzende von medizinischen Fachausdrücken, die zeigen, daß er Arzt gewesen ist. Die genaue Schilderung der einzelnen Krankheitsfälle, die Benennung derselben mit ihrem technischen Namen, die Angabe der Krankheitsdauer, ein lebhaftes Interesse für den Heilungsprozeß und die sich im ganzen lukanischen Doppelwerk zeigende medizinische Sprachkolorierung verraten deutlich das Interesse, die Kenntnis und die Beobachtungsgabe des Arztes. Das interessanteste Beispiel für die Vorliebe, die Lukas für medizinische Ausdrücke hegt, findet sich in dem Ausspruch vom Kamel und Nadelöhr: «Eher kommt ein Kamel durch ein Nadelöhr, als ein Reicher in Gottes Reich» (Mt 19, 24; Mk 10, 25; Lk 18, 25). Sowohl Markus als auch Matthäus verwenden für das Wort «Nadel» das griechische Wort raphis, womit die vom Schneider und im Haushalt verwendete Nähnadel bezeichnet wurde. Lukas dagegen gebraucht als einziger das Wort «belone», die Bezeichnung für die Nadel des Chirurgen. Besonders deutlich tritt zutage, daß Lukas Arzt war in der Heilungsgeschichte der blutflüssigen Frau (Lk 8, 43—48). Den langen Passus des Markus (5, 26), der für die Ärzte wenig schmeichelhaft klingt: «Sie hatte von vielen Ärzten viel gelitten und ihre ganze Habe verbraucht, aber nichts hatte es ihr genützt, es war vielmehr noch schlimmer mit ihr geworden», hat Lukas weggelassen. An Stelle dieser «Rüge» an die Ärzte stellt er nüchtern im Ton des Sachverständigen fest: «Sie konnte von niemandem geheilt werden.» So spricht der Arzt zu seinen Berufskollegen. Es ist die stillschweigende Ehrenrettung der medizinischen Zunft.

Wohl schon als Kind war es der Wunsch des Lukas gewesen, den Menschen zu helfen. Als Knabe stand er wohl oft im Hafen von Antiochien und sah dort die Schiffe anlegen. Das traurige Los der armen Rudersklaven auf ihren Ruderbänken, der Kranken und Sterbenden muß auf ihn einen tiefen Eindruck gemacht haben. Und so entschloß er sich, Schiffsarzt zu werden und auf den Schiffen die Ruderknechte zu betreuen. Zu diesem Zweck zog er nach Alexandrien, um Medizin zu studieren. Nach Rom die größte Stadt der bekannten Welt, hatte sich das ägyptische Alexandrien zum ersten Handelsplatz der Welt hochgeschwungen. Berühmt waren nicht nur die Sehenswürdigkeiten der Stadt, sondern auch ihre Lehranstalten. Sie waren noch besser als die Schulen Roms, und die römischen Familien der herrschenden Schicht bevorzugten Ärzte, die in Alexandrien Anatomie studiert hatten.

Der Abschied von der medizinischen Hochschule fiel Lukas nicht leicht, denn er hatte dort edle und geistreiche Lehrer kennengelernt, die sich um geringes Entgelt um ihn gemüht hatten. Bevor er abreiste und seine medizinischen Bücher einpackte, schlug er noch einmal sein Tagebuch auf und schrieb: «Ein Arzt muß dorthin gehen, wo man ihn am dringendsten braucht. So hat es schon Hippokrates gefordert, und den von ihm abgefaßten Eid habe ich geschworen. Mein Platz ist bei den Armen, bei den Unterdrückten und Verlassenen, den Sterbenden und unheilbar Kranken, für die in den großen Städten am Meer nicht vorgesorgt ist. Ich werde die völlig Besitzlosen und die Sklaven betreuen. Und ich werde keine Honorare verlangen, außer von reichen Sklavenhaltern. Ich werde in die Gefängnisse und auf die Schiffe gehen, in die Bergwerke und Elendsquartiere, in die Häfen und Armenhäuser. Dorthin ruft es mich. Und diesem Ruf kann ich mich nicht entziehen ...»

Und dann packte er die wertvollen chirurgischen Instrumente in seine lederne Arzttasche: die Geburtszange, Skalpelle, die Knochensäge, Sonden, Spritzen, den Schädelbohrer. Jedes Stück, aus bestem Schmiedeisen mit größter Sorgfalt gefertigt, hatte er zum Schutz gegen Rost in ein mit Olivenöl getränktes Wolltuch gewickelt. Auch einige ältere Instrumente aus Kupfer oder Bronze, die unhandlicher waren, legte er in seine Tasche.

Dann nahm er Abschied von seinen Lehrern. Alle bedauerten seine Abreise, wünschten ihm Glück und schenkten ihm als Ehrengabe Amulette. Einer seiner Lieblingslehrer rief ihm beim Abschied noch zu: «Denke daran, lieber Lukanus, daß die Heilkunde immer mit dem Priesteramt verbunden war! Ihr Gebiet erstreckt sich über den Körper hinaus. Ein Arzt muß auch die Seelen seiner Patienten behandeln. Der Heilerfolg kann davon abhängen!»

Gottgesegnetes Zusammentreffen

In Antiochien traf Lukas mit Paulus zusammen, der ihn zum Christentum bekehrte. Dieses gottgesegnete Zusammentreffen des Arztes Lukas mit dem Apostel Paulus in Antiochien — dem Ein- und Ausgangstor der heidenchristlichen Mission — entwickelte sich zu einer der schönsten Freundschaften in der Geschichte des Christentums. In Lukas gewann Paulus einen Mitarbeiter, Jünger und Begleiter, der ihm von nun an lebenslang in Bewunderung und Anhänglichkeit zugetan und verbunden blieb, und der ihn überallhin begleitete bis in den Tod.

Lukas stieß auf der zweiten Missionsreise, und zwar spätestens in Troas, zu Paulus und begleitete ihn von dort nach Philippi, wo er seine Wunden behandelte, die dieser von den vielen Schlägen der Geißelung davongetragen hatte. Und als Paulus von Philippi weiterreiste, blieb Lukas dort zurück, um den weiteren Ausbau der Gemeinde zu überwachen. Sieben Jahre später, auf der Rückkehr von seiner dritten Missionsreise, kam

Paulus neuerdings nach Philippi. Jetzt schloß Lukas sich ihm wieder an und blieb von da an als ständiger Begleiter an seiner Seite, auch als Paulus in Jerusalem in Gefangenschaft geriet und in Caesarea am Meer zwei Jahre in Untersuchungshaft gehalten wurde.

Während dieser Zeit war Lukas nicht untätig. Er benutzte die Gelegenheit, viele noch lebende «Augenzeugen des Lebens Jesu und Diener des Wortes» (Lk 1, 3) zu befragen und vorhandene Dokumente und Spruchsammlungen einzusehen, «allem von Anfang an sorgfältig nachzugehen und es der Reihenfolge nach niederzuschreiben» (Lk 1, 3). Ein Beispiel für die Sorgfalt, mit der Lukas nach Art eines Historikers vorging, ist die Art, in der er das Auftreten Johannes des Täufers datiert. Er bezieht sich dabei auf nicht weniger als sechs zeitgenössische Zeitangaben: «Im fünfzehnten Jahr der Herrschaft des Kaisers Tiberius, da Pontius Pilatus Landpfleger in Judäa war und Herodes Vierfürst in Galiläa und sein Bruder Philippus Vierfürst in Ituräa und in der Landschaft Trachonitis und Lysanias Vierfürst zu Abilene, da Hannas und Kaiphas Hohepriester waren, da geschah der Befehl Gottes an Johannes, des Zacharias Sohn, in der Wüste» (Lk 3, 1—2).

Maria: die Berichtquelle der Jugendgeschichte Jesu

In dieser Zeit reifte in Lukas auch der Entschluß, die Kindheitsgeschichte Jesu niederzuschreiben. Aber wer konnte ihm darüber Auskunft geben? Zacharias und Elisabet, die der Familie von Nazaret nahe gestanden hatten, waren längst gestorben. Von den Hirten, die das Kind von Betlehem gesehen, waren nur noch die jüngeren am Leben, und wer konnte sie jetzt ausfindig machen? Auch Simeon und Anna, die das Kind im Tempel zu Jerusalem begrüßt hatten, lebten längst nicht mehr.

Und Maria, die Mutter Jesu, die der Herr, sterbend am Kreuz, der Obhut des Johannes, seines besonders geliebten Jüngers, anvertraut hatte (Joh 19, 27)? Wer weiß, wie lange sie die Auferstehung ihres Sohnes überlebte (Apg 1, 14)? Hatte Lukas sie wohl persönlich noch gekannt? Möglich ist es, daß Maria damals noch lebte. Sicher ist nur, daß die Geburts- und Kindheitsgeschichte Jesu nach Lukas auf Maria, die Mutter Jesu, zurückgeht. Denn nur sie, die Mutter, konnte all die geheimen Begebenheiten und Geschehnisse aus dem Leben Jesu, wie sie Lukas in den ersten zwei Kapiteln seines Evangeliums erzählt, vor allem die Botschaft des Engels Gabriel (Lk 1, 26—28), noch wissen. Lukas selbst gibt uns einen Fingerzeig, daß Maria die Berichtquelle der Jugendgeschichte Jesu war. Zweimal sagt er nachdrucksvoll: «Maria behielt alle diese Worte in ihrem Herzen und erwog (= verarbeitete) sie» (Lk 2, 19. 51). Als Mitglied der Urgemeinde hat sie wohl im engsten Kreis der palästinensischen Judenchristen all die Ereignisse aus den Lebensanfängen ihres Sohnes erzählt. Einer von ihnen, der vielleicht aus priesterlichem Geschlechte stammte und der Familie Johannes des Täufers nahe stand, brachte den mündlichen Bericht, wie er ihn in aramäischer Sprache von den Lippen Marias vernahm, zu Papier. Ein Griechisch-Sprechender der Gemeinde, ein sogenannter «Hellenist», übersetzte ihn dann später pietätvoll aus dem Aramäischen ins Griechische. Und in dieser griechischen Übersetzung mit ihren zahlreichen Aramäismen, in der überall noch das Semitisch-Aramäische durchschimmert, fand Lukas, als er im Jahre 58 mit Paulus nach Jerusalem kam (Apg 21, 17), die Kindheitsgeschichte Jesu vor, übernahm sie ohne wesentliche Änderungen, überarbeitete sie mit behutsamer Hand und stellte sie, gleichsam als Prolog, seinem Evangelium voran.

Jetzt verstehen wir, warum die Kindheitsgeschichte nach Lukas sich sowohl in der Sprache als auch durch ihr palästinensisch-jüdisches Kolorit so stark vom übrigen Lukasevangelium abhebt. Lukas, der sonst ein tadelloses Griechisch schrieb, das beste und eleganteste aller Schriftsteller des Neuen Testamentes, verzichtet hier darauf, ein gefeiltes Griechisch zu schreiben und übernimmt alles so wortwörtlich und getreu, so behutsam ehrfurchtsvoll, wie er es in seiner semitisch-griechischen Vorlage vorgefunden hatte.

Der Freund und Begleiter des Apostels Paulus

Als Paulus als römischer Bürger an den Kaiser in Rom appellierte und auf dem Seeweg von Caesarea nach Rom gebracht wurde, schloß sich Lukas ihm wieder an. Sein Reisebericht (Apg 27, 1—44) über die Seefahrt des Apostels und den Schiffbruch vor Malta mit den zahlreichen nautischen Fachausdrücken ist wohl der berühmteste Abschnitt der Apostelgeschichte geworden. Es ist nach dem Urteil hervorragender seemännischer Sachverständiger eine Fundgrube der Belehrung über die Schiffahrt in der römischen Kaiserzeit, ein einzigartiges kultur-historisches Dokument für die Kenntnis der antiken Nautik. Er schildert die 3000 Kilometer lange Seereise des Völkerapostels, diese kleine apostolische Odyssee, so hochdramatisch, daß sie jedem Leser unvergeßlich bleibt.

Der römische Hauptmann Julius, der Paulus nach Rom brachte, benutzte zwei Schiffe, um von Caesarea nach Italien zu gelangen. Das erste, das den Gefangenentransport von Caesarea nach Myra brachte, war ein Kaufmannsschiff aus Adramyttium, dem heutigen Edremit an der kleinasiatischen Küste. In Myra ging der Hauptmann mit seinen Leuten an Bord eines geräumigen alexandrinischen Getreideschiffes, das sich auf der Fahrt nach Rom befand. Da dieses aber mit starkem Gegenwind zu kämpfen hatte, kam es nur langsam vorwärts und wurde aus seiner Richtung südwärts gegen Kreta abgetrieben. Nur mit viel Mühe gelangte es schließlich nach Kaloi Limenes, einer kleinen Bucht an der Südküste Kretas. Hier sah man ein, daß die Weiterfahrt des Schiffes immer kritischer wurde; schon war der Oktober angebrochen. Vom November bis März ruhte die Schiffahrt vollständig: «mare clausum». Um diese Zeit pflegte ein vorsichtiger Kapitän seine Fahrten einzustellen, nicht etwa wegen der Stürme, sondern wegen der langen

Nächte und des trüben Himmels und der damit verbundenen Steuerlosigkeit, denn der Kompaß war damals noch nicht erfunden. Hier in Kaloi Limenes berief der Hauptmann Julius als oberster Schiffsherr die Männer, die auf dem Schiff die größte Verantwortung und das größte Ansehen hatten, zu einer Beratung zu sich.

«Was meinst du, Kapitän, sollen wir weiterreisen oder hier überwintern?»

«Der Hafen von Kaloi Limenes, auch wenn er 'Schöner Hafen' heißt, ist klein und unbequem. Wir sind immerhin 276 Seelen an Bord: Sklaven, Matrosen, Gefangene und Reisende, die ernährt und mit Trinkwasser versehen werden müssen. Die Vorräte könnten hier zu knapp werden. Ich schlage deshalb vor, den kurzen Sprung von Kaloi Limenes nach dem lebhafteren Hafen Phönix weiter westwärts der Insel zu wagen.»

«Und was meinst du, Lukanus? Als Schiffsarzt bist du schon viel herumgekommen und kennst dich auch in der Schiffahrt bestens aus.»

«Ich finde es verwegen, ja tollkühn, bei dieser Jahreszeit auf die offene See hinauszufahren. Das wäre recht eigentlich ein Sprung ins Dunkel!»

«Und was meinst du, Steuermann, alter Seebär?»

«Sicherlich ist die Weiterfahrt nicht ungefährlich. Aber trotzdem sollten wir den Sprung nach Phönix wagen. Denn dort ist unser Schiff besser geschützt. Wir könnten dort die Fracht ausladen und die Passagiere bequemer überwintern lassen.»

«Und deine Ansicht, Paulus? Ich weiß, du bist nicht das erste Mal auf hoher See. Wie mir dein Freund Lukanus erzählte, hast du schon dreimal Schiffbruch erlitten.»

«Ja, so ist es, edler Julius. Einmal bin ich einen Tag und eine Nacht auf einem elenden Wrack herumgetrieben, bis man mich endlich aufgefischt hat (2 Kor 11, 24). Darum rate ich: Fahrt nicht weiter! Ich sehe voraus, was kommen wird. Die Fahrt wird unglücklich und verlustreich werden, nicht nur für die Fracht, sondern auch für unser Leben. Bei dieser Wetterlage kann das Schiff mit Mann und Maus zugrunde gehen.»

Aber der Hauptmann hörte mehr auf seinen Kapitän und den Steuermann, denen er größere Erfahrung zutraute. Doch Paulus und Lukas sollten mit ihrer Wetterwarnung recht behalten: Kaum hatten sie das Kap Matala hinter sich gelassen, fegte vom heiligen Götterberg Ida her ein gewaltiger, orkanartiger Sturm heran, ein «Nordoster», den die Schiffer «Eurakylon» nennen. Wild schrien alle durcheinander. Es schien, als wären alle Dämonen losgelassen. Ja, die Hölle war los. «Nirgends Rettung, nirgends Land vor des Sturmwinds Schlägen.» Jeden Augenblick konnte das Schiff an einem Felsenriff oder auf einer Sandbank in tausend Stücke zerschellen.

Grauenhaft war das Schreien in den Eingeweiden des Schiffes. Die Luft im Schiffsraum war dick und roch salzig: Sie war kaum mehr zu atmen. Die Reisenden waren erschöpft und bleich wie der Tod. Von einer Schiffswand wurden sie zur andern geschleudert, mit Kisten, Eimern und Tauen durcheinandergeworfen. Lukas, der Schiffsarzt, hatte alle Hände voll zu tun. Auch er glaubte nicht mehr an eine Rettung. In dieser Stunde des Grauens konnte er nur in sein Reisetagebuch schreiben: «Alle Hoffnung — auf Rettung — verloren» (Apg 27, 20).

Doch am Morgen des 14. Tages strandete das Schiff auf einer Sandbank der Insel Malta. Schwimmend und auf Schiffstrümmern treibend, erreichten alle 276 Passagiere das Land. Hier lagen sie, erschöpft, hungrig, vor Kälte und Nässe zitternd, am Strand. Viele hatten zerschundene Glieder und zerfetzte Kleider. Manche trugen überhaupt nichts mehr auf ihrem Leib.

Lukas, der zum Glück seine Arzttasche mit den Medikamenten und Instrumenten hatte retten können, ging von einem Schiffbrüchigen zum andern und nahm sich der Unglücklichen an. Er verteilte Brot, Früchte und ein wärmendes Getränk, das die freundlichen Inselbewohner zubereitet hatten. In der Zwischenzeit war ein Feuer angemacht worden, an dem sich die Frierenden wärmen und ihre nassen Kleider trocknen konnten. Auch Paulus raffte ein Bündel Reisig zusammen, um es ins Feuer zu legen. Da sah Lukas zu seinem großen Schrecken, wie eine durch die Hitze aufgescheuchte Schlange plötzlich aus dem Reisigbündel hervorschoß und sich an der Hand des Apostels festbiß. Entsetzt wichen die Inselbewohner zurück. Sie sahen in der Schlange eine Rachegöttin und in Paulus einen Mörder, einen bösen Geist. Paulus aber blieb ruhig. Er beobachtete die Schlange, wie sie sich um seinen Arm ringelte. Mit einem festen Griff der freien Hand packte er die Viper hinter dem Kopf und hielt sie von seinem Arme weg. Und dann warf er das giftige Reptil mit einer blitzschnellen Bewegung ins Feuer. Jetzt aber schlug das Entsetzen der Inselbewohner in abergläubische Verehrung um. Sie scharten sich um Paulus, ihn mit offenem Mund anstaunend. Sie flehten ihn an, mit ihnen in ihre Hütten zu kommen und die Kranken zu heilen. Bald hatte sich die Nachricht landeinwärts verbreitet. Allüberall erzählte man sich die Geschichte von der Schlange. Lukas aber mußte an Asklepios, den Gott der Heilkunst, denken, dessen Kennzeichen Stab und Schlange sind.

Mit einigen flüchtigen Strichen zeichnete er sein Bild in sein Reisetagebuch und darunter schrieb er den «Wir»-Bericht über den weiteren Aufenthalt auf der Insel: «Der erste Mann der Insel mit Namen Publius besaß in jener Gegend Ländereien. Der nahm uns gastlich auf und beherbergte uns drei Tage sehr freundlich. Der Vater des Publius lag gerade an Fieber und Ruhr krank darnieder. Paulus ging zu ihm ins Zimmer und legte ihm unter Gebet die Hände auf und heilte ihn. Daraufhin kamen auch die andern Kranken der Insel herbei und wurden geheilt. Dafür überhäufte man uns förmlich mit Ehrenbezeugungen und versorgte uns reichlich für die Weiterfahrt» (Apg 28, 7—10).

Diese erfolgte, sobald die schlimmste Winterzeit vorüber war, im Februar 61 auf einem alexandrinischen Getreideschiff, das vorn auf dem Bug das Bild der Dioskuren Kastor und Pollux, der Schutzgötter der antiken Schiffahrt, trug. Der Augenzeugenbericht des Lukas wird jetzt tagebuchartig: «Wir liefen Syrakus an... Von dort kamen wir nach Rhegium... In zwei Tagen erreichten wir Puteoli... Dann machten wir uns auf den Weg nach Rom.»

In Rom wurde Paulus die mildeste Haft bewilligt, die custodia libera, die ihm erlaubte, außerhalb der Prätorianerkaserne ein eigenes Privatquartier zu beziehen, freilich unter Bewachung eines römischen Soldaten. Auch während der Gefangenschaft seines Freundes blieb Lukas in treuer Anhänglichkeit an seiner Seite. Als Arzt sah er nur zu gut, daß die Jahre nicht spurlos an Paulus vorübergegangen waren. Er war gealtert und von der langen und gefahrvollen Reise erschöpft. Deshalb tat Lukas alles, um ihn mittels heilkräftiger Kräuter und Wurzeln zu stärken. Immer wieder stand er am Lager des Gefangenen und suchte ihm Linderung zu verschaffen.

Halb auf dem Bette liegend, halb sitzend, führte Paulus mit dem Arzt lebhafte Gespräche über das Evangelium, mit dessen Niederschrift Lukas beschäftigt war. Er half ihm mit Erklärungen und Auslegungen. Fast jeden Morgen kam Lukas und las ihm Abschnitte vor, die er tags zuvor geschrieben hatte, und korrigierte sie, um den Inhalt seines Evangeliums mit seiner eigenen Verkündigung in Einklang zu bringen. Vor allem überprüfte Paulus alle Stellen im Evangelium des Lukas, die sich auf das Verhältnis der Juden zu

den Heiden bezogen. Und um zu unterstreichen, daß Jesus nicht nur jüdischen Stammes war, sondern als Heiland der Welt, als zweiter Adam der ganzen Menschheit gehörte, veranlaßte er Lukas, die Herkunft Jesu über Abraham hinaus — mit dem Matthäus den Stammbaum abgeschlossen hatte — bis zu Adam, dem ersten Menschen, zurückzuführen.
In der Mietswohnung des Apostels traf Lukas auch den Petrusschüler Markus. Lukas konnte jetzt seinem Evangelium, das er schon in Caesarea begonnen hatte, auch den Bericht und die Mitteilungen des Markus als Quelle zugrunde legen. Von ihm übernahm er das Gerüst, den Gesamtplan und auch den größten Teil seines Erzählungsstoffes. Er schrieb diesen aber nicht einfach ab und begnügte sich mit stilistischen Verbesserungen und gelegentlichen Kürzungen. Er machte sich vielmehr den Stoff zu eigen und prägte ihm seinen Geist auf.

Der Sänger der Barmherzigkeit Christi

Lukas, der sich als Arzt insbesondere von der Güte und Menschenfreundlichkeit Jesu angezogen fühlte, schildert in seinem Evangelium Christus vor allem als Freund der Sünder und Zöllner, als himmlischen Arzt für Leib und Seele. Es ist für das Lukasevangelium bezeichnend, daß die Botschaft von der Vergebung der Sünden in ihm einen breiteren Raum gefunden hat als in den andern Evangelien. Von den sieben Sündergeschichten, die die Evangelien enthalten, gehören fünf dem Lukasevangelium allein an. Lukas allein berichtet im Anschluß an das Fischwunder am See Gennesaret das Bekenntnis des Petrus von seiner Sündhaftigkeit: «Geh weg von mir, Herr! Denn ich bin ein sündiger Mensch» (5, 1—11). Er allein erzählt als Beispiel für Jesu Sünderliebe die Geschichte von der großen namenlosen Sünderin (7, 36—50) und die Umkehr des Zöllners Zachäus (19, 1—10). Er allein erwähnt das Weissagungswort Jesu von der Verleugnung des Petrus und seine Reuetränen (22, 31—34; 22, 61). Er allein schildert als Typus des reuigen Sünders den Schächer am Kreuz (23, 39—43). Auch von den drei Bekehrungsgleichnissen gehören zwei wiederum allein dem Lukasevangelium an: so das Gleichnis vom verlorenen Sohn (15, 11—33) und das Gleichnis vom Pharisäer und Zöllner (18, 9—14).

Der Freund der Armen

Lukas ist aber nicht nur der Sänger der Barmherzigkeit Christi, er ist auch der Freund der Armen. Lukas zeigt in seinem Evangelium eine ungewöhnlich starke Sympathie und tiefe Zuneigung für die gesunkenen, getretenen, geächteten Existenzen, für die Stiefkinder und Aschenbrödel der Gesellschaft. Das Lukasevangelium ist von einer spürbaren Liebe zur Armut erfüllt und bringt über die Stellung zum irdischen Besitz, zu Armut und Reichtum zahlreichere und inhaltlich schärfere Worte als die übrigen Evangelien. Gleich auf dem ersten Blatt seines Evangeliums läßt Lukas Maria, die Mutter Jesu, im Hymnus des Magnificat Gott preisen als den, der «die Machthaber von ihren Thronen stürzt, die Niedrigen erhöht, die Hungrigen mit Gütern erfüllt und die Reichen leer ausgehen läßt» (Lk 1, 52—53). In der Weihnachtsgeschichte berichtet er von der ärmlichen Geburt des Erlöserkindes in einem Felsloch in Betlehem, der Krippe, den Windeln und den Hirten. Lukas weiß auch um die sozialen Ermahnungen des Wüstenpredigers (Lk 3, 11—13). Während bei Matthäus (22, 10) im Gleichnis vom königlichen Hochzeitsmahl «Gute und Böse» hereingebracht werden, läßt

Lukas «die Armen und Krüppel, die Blinden und Lahmen» herbeiholen (Lk 14, 21). Er allein bringt die Mahnung Jesu, zu einem Gastmahl nicht reiche Nachbarn, sondern wiederum «Arme, Krüppel, Lahme und Blinde» einzuladen (Lk 14, 12—13). Kein Evangelist betont die Gefährlichkeit des Reichtums und des trügerischen Mammons so stark wie Lukas. So schildert er im Gleichnis vom reichen Kornbauern (Lk 12, 16—21) den reichen Tor, der nicht mit dem Tode rechnet, seine Vorratshäuser abbrechen will, um größere zu bauen, bis ihn ganz plötzlich das Donnerwort Gottes trifft: «Du Narr, noch in dieser Nacht wird man deine Seele von dir fordern!»
Lukas allein überliefert jene zwei Gleichnisse, in denen Jesus die Stellung seiner Jünger zum irdischen Besitz darlegt. Im Gleichnis vom ungetreuen Verwalter (Lk 16, 1—9) zeigt er die heilsame Verwaltung des Besitzes: «Macht euch (durch Wohltun) Freunde mit dem trügerischen Mammon!», und im Gleichnis vom reichen Prasser und armen Lazarus (Lk 16, 19—31) die verderbliche Verwaltung des Besitzes. Dabei ist Lazarus, der als einzige Gestalt eines Gleichnisses einen Namen erhält, der übersetzt «Gotthelf» heißt, keine historische Persönlichkeit aus längst vergangener Zeit, sondern ein Symbol von zeit-

loser Gültigkeit, ein Bild des leidenden und hilflosen Menschen überhaupt. Lazarus lebt immerfort und ist überall gegenwärtig in der Welt. Er gehört zum irdischen Dasein. Es gibt keine Zeit und keinen Raum ohne Lazarus. Er wechselt nur seine Gestalt, sein Gesicht und seinen Namen. Als unüberhörbarer Appell an das Erbarmen liegt er vor der Seele jedes Menschen. Die Kontrastfigur zum armen Lazarus ist der reiche Prasser. Er wird in der Parabel ohne Namen genannt, wohl deshalb, weil er abgewandelt in jedem Menschen steckt. Jeder ist in irgend einer Beziehung reich, jeder einer der Brüder des reichen Mannes, die auf die Botschaft von «Mose und den Propheten» hören sollen. Auch die Worte Jesu sind «Mose und die Propheten».

Lukas allein erzählt dann auch die Geschichte vom reichen Oberzöllner Zachäus (Lk 19, 1—10), der sein Leben damit verbrachte, dem Gelde nachzujagen, sich dann aber davon löste wie von einem alten Lumpen: «Siehe, die Hälfte meines Besitzes gebe ich den Armen, und was ich zu unrecht erwarb, gebe ich vierfach zurück» (Lk 19, 8). Lukas allein weiß um die Frage Jesu vor seiner Gefangennahme: «Als ich euch ohne Geldbeutel aussandte, ohne Vorratstasche und ohne Schuhe, habt ihr da etwa Not gelitten?» (Lk 22,

55). Lukas auch ist es, der in der Apostelgeschichte die sozialen Einrichtungen der ersten Christengemeinde schildert (Apg 2, 44—45), das Verkaufen der Landgüter (Apg 4, 34—35), die allgemeine Freigebigkeit, die Halbheit des Hananias und der Saphira (Apg 5, 1—11), die Wahl der sieben Armenpfleger (Apg 6, 1—6), die Mildtätigkeit Tabitas, der Armenmutter von Joppe, «voll guter Werke und Almosen» (Apg 9, 36), die Spende der Antiochener für Jerusalem, und der den Apostel Paulus in Milet an den Ausspruch Jesu erinnern läßt: «Geben ist seliger denn nehmen» (Apg 20, 35).

Der Evangelist der Frauen

Lukas, dem edlen Arzt und feingebildeten Hellenisten, entging es auch nicht, daß Jesus die Frauen in seinem Zuhörerkreis nicht übersah, sondern auch für sie die Berufung zum Reiche Gottes verkündete. Während Matthäus und Markus nur wenig von der Frau reden, hat ihr Lukas seine ganze Aufmerksamkeit geschenkt. An 13 Stellen redet er von ihr. Er redet von der Base Elisabet (1, 5—7; 24—25; 39—45), der Mutter des Vorläufers, der Vertrauten der Mutter des

Herrn, von der Prophetin Anna (2, 36—38), von der Witwe von Nain (7, 11—17) von der reuigen Sünderin (7, 36—50), dem Geschwisterpaar Marta und Maria (10, 38—42). Er redet von den hilfreichen Frauen aus Galiläa (8, 1—3), die Jesus begleiteten und ihm ihr Vermögen und ihre Dienste zur Verfügung stellten, von der einfachen Frau aus dem Volk (11, 27), die Maria, die Mutter Jesu, selig pries, und von der Frau, die schon 18 Jahre gekrümmt war (13, 10—13). Er redet von der Witwe (18, 1—5) und dem gottlosen Richter, von der Witwe mit dem Scherflein (21, 3—4), von den mitleidigen Frauen auf dem Kreuzweg (23, 27—31), von den Frauen unter dem Kreuz (23, 49) und den Frauen am Grabe (23, 55—56).

«Lukas allein ist bei mir»

Es war im Jahre 63, als eines Tages ein Centurio, ein Hauptmann, aus dem Prätorianerlager zu Paulus in die Wohnung kam und erklärte, das Gericht habe ihn freigesprochen. Jetzt konnte er seine apostolische Tätigkeit endlich in vollem Umfang wieder aufnehmen. Wie ein aus dem Käfig befreiter Adler begann er seine Schwingen wieder auszubreiten. Zuerst eilte er nach Ephesus, wo er Timotheus als Leiter einsetzte (1 Tim 1, 3), und segelte dann weiter nach Kreta, wo er Titus zurückließ (Tit 1, 5). Ja, bis nach Spanien ging diesmal die Fahrt. Leider fand sich kein Schriftsteller mehr, der — wie Lukas — diese letzten Apostelreisen aufgeschrieben hätte. Wieder nach Rom zurückgekehrt, traf Paulus neuerdings mit Lukas zusammen. Dieser hatte kurz zuvor sein Evangelium veröffentlicht und arbeitete jetzt an der Niederschrift der Apostelgeschichte, die — weil sie das Walten und Wirken des Heiligen Geistes in der Urkirche zeigt — auch schon «das Evangelium des Heiligen Geistes» genannt worden ist. Schon hatte er über den Schiffbruch vor Malta und die Ankunft des Apostels in der römischen Hauptstadt berichtet. Auch der Beschreibung seiner Wirksamkeit in Rom in den ersten acht Tagen hatte er viele Zeilen gewidmet. Im gleichen Ausmaße wollte er jetzt den Ausgang des Prozesses und das weitere Schicksal des Apostels schildern.

Da aber geschah etwas, das ihm die Feder jäh aus der Hand riß. Eine furchtbare Christenverfolgung brach unter Kaiser Nero über die römische Christengemeinde herein. Mitleidlos wurden die Christen zwischen den Mühlsteinen der

Macht zerrieben. Man nahm den Völkerapostel als verdächtiges Sektenhaupt zum zweitenmal fest. Diese zweite römische Gefangenschaft war bedeutend härter und strenger als die erste. Wie ein Verbrecher mußte Paulus Ketten tragen. Es fehlte ihm an allem. Die meisten Freunde und Gefährten hatten ihn verlassen oder waren von ihm selbst auf Mission ausgeschickt worden. Paulus fühlte sich einsam und verlassen. Und aus dieser Vereinsamung heraus schrieb er in einem letzten Brief an Timotheus die wehmütigen Worte: «Lukas allein ist bei mir» (2 Tim 4, 11).

Lukas war es auch, der den Apostel auf seinem letzten schweren Gang zur Richtstätte begleitete. «Bald werde ich beim Herrn sein, mein treuer Freund. Nichts kann uns scheiden von der Liebe Christi. Ihm empfehle ich dich. Du bist mir gefolgt auf den Straßen dieser Welt, in den Stürmen, Verfolgungen, Leiden und Gefahren. Du hast alle Mühsal und Beschwerden mit mir getragen. Hilfreich, edel und gut, bist du mir immer treu zur Seite gestanden. In den Tagen der Krankheit hast du mich gepflegt, bist Nächte lang an meinem Lager gesessen und hast bei mir gewacht. Du hast meine Wunden geheilt, hast mir den Krug an den fiebernden Mund geführt, mir Medikamente und Arzneien gegeben und so manches gute Wort, das für mein gedrücktes Herz mehr als Balsam war. Du hast bei mir ausgeharrt und mich begleitet bis hier ans Tor der Ewigkeit. Lukas, du Guter und Getreuer, ich bin dein Schuldner geworden. Ich danke dir. Gott segne dich!»

JOHANNES, DER LIEBLINGSJÜNGER JESU

Zu den hervorragendsten Gestalten des Neuen Testamentes gehört unstreitig der Apostel Johannes. Er ist ein tiefsinniger Denker, ein geistvoller Schriftsteller, ein gemütstiefer und seelenvoller Mensch, ein Genie nach der ganzen Weite und Tiefe seines Denkens. Selten sind Geist und Seele eine so glückliche Verbindung eingegangen wie in diesem großen Apostel. Er ist der Theologe und Metaphysiker unter den Evangelisten, ein Adlergeist von überragender, unvergeßlicher Größe. Mit Recht hat er den Adler zum Symbol. Denn adlergleich schwingt er sich mit seiner Frohbotschaft vom «Wort, das Fleisch geworden» empor zum Himmel bis zu den tiefsten Geheimnissen Gottes.

Am Jordan zusammen mit dem Täufer

Vier Stationen hat Johannes in seinem Leben durchlaufen. Zuerst weilte er mit Johannes dem

Täufer an den Wassern des Jordans. Johannes stammte aus einer Fischerfamilie in Betsaida. Sein Vater leitete ein Fischereiunternehmen und beschäftigte mehrere Tagelöhner. Zusammen mit ihm und seinem Bruder Jakobus hatte er am See Gennesaret die Netze ausgeworfen. Seine Mutter Salome hatte ihm schon in sein jugendliches Herz die messianische Erwartung gepflanzt. In dieser Hoffnung auf den Messias und der Suche nach ihm schloß er sich Johannes dem Täufer am Jordan an, wurde sein Schüler und empfing von ihm die Wassertaufe. Als der Täufer dann aber auf Jesus hinwies mit den Worten: «Seht das Lamm Gottes!» (Joh 1, 36), löste er sich vom Täufer und folgte Jesus nach. Als er Johannes und Andreas ihm folgen sah, drehte er sich um und fragte: «Wen sucht ihr?» Verlegen wie sie waren, wußten sie nicht, was sie sagen sollten und stotterten: «Meister, wo wohnst du?» Diese Frage ist bezeichnend für Johannes. Ein junger Mensch mit weichem, tiefem Gemüt und starkem Anlehnungsbedürfnis sucht er nach Geborgenheit, nach einem inneren Zuhause. Jesus antwortete: «Kommt und seht!» Und sie gingen mit ihm und sahen, wo er wohnte, und blieben jenen Tag bei ihm. «Es war um die zehnte Stunde.» Über dieser ersten Begegnung des Johannes mit Jesus liegt das Traute, Heimelige. Das erste Wort des Johannes an Christus ist die Frage nach dem trauten Heim, die Bitte um Aufnahme in sein Haus. Umgekehrt ist das letzte Wort Jesu am Kreuz an seinen Lieblingsjünger die Bitte um die Aufnahme seiner Mutter in sein Heim (Joh 19, 27).

«Kommt und seht!» so lautete die Einladung Jesu an Johannes. Diesen Lockruf der Gnade, diese göttliche Liebeswerbung hat Johannes nie mehr vergessen. Bis ins hohe Alter hat er das erste Zusammensein mit Jesus in seinem Gedächtnis behalten. Jener Abend, an dem ihm die Freundschaft Jesu erblühte, steht dem alten Mann, der jetzt zu Ephesus sein Evangelium schreibt, noch frisch und lebendig vor der Seele, so daß er sich noch der Stunde erinnert, wann es war: «Es war um die zehnte Stunde» (Joh 1, 39), in unserer Zeitrechnung nachmittags um vier Uhr. Hinter dieser kurzen Notiz liegt eine ganze Welt trautester, unvergeßlicher Erinnerung, tiefer, heilig stiller Freude. Jene Stunde nachmittags um vier Uhr war für ihn die große Gnadenstunde seines Lebens. An diesen ersten trauten Umgang mit dem Meister, an dieses Reden von Seele zu Seele denkt er noch jetzt im hohen Alter, wo bereits der Morgenglanz der Ewigkeit für ihn heraufzudämmern beginnt. Welch gewaltigen Eindruck machte diese erste Begegnung mit dem Meister doch auf ihn! Er sieht ihn noch förmlich vor sich. Noch ist ihm der Tonfall seiner Stimme im Ohr, noch die Gestalt im Auge, noch die Leibhaftigkeit in der fühlenden Hand. Mit welcher Bewunderung umfaßte sein Auge damals das Bild der Anmut, das ihm in Jesus entgegentrat! Damals, in jener ewig denkwürdigen Stunde, hat sich in seiner Seele der Funke einer tiefen, heiligen Christusliebe entzündet. Seither ist er ganz hingerissen von Christus, ganz ergriffen von ihm, ganz durchglüht von der Liebe zu ihm.

Am See Gennesaret zusammen mit Jesus

Die zweite wichtige Station im Leben des Johannes ist der See Gennesaret. Hier betrieb er zusammen mit seinem Vater Zebedäus, seinem Bruder Jakobus und Petrus den Fischfang. Als Fischer hatte er einen schweren Beruf. Man denkt sich den Liebesjünger Jesu oft mehr naiv als lebenswahr als sanften, stillen Jüngling mit dem ewig wolkenlosen Himmel auf der Stirn und dem beständig süßen Lächeln auf den Lippen. Doch das war Johannes nicht. Stand er auch in jugendlichem Alter, als der Herr ihn berief, so war er doch kein Milchgesicht, wie die Kunst ihn oft darzustellen pflegt. Als Fischer muß er vielmehr ein in Wind und Wetter gebräunter junger Mann gewesen sein, von Jugend auf gewohnt, ganze Nächte ohne Schlaf im Fahrzeug auf offener See zu verbringen, nächtliche Kälte in nassen Kleidern zu ertragen, mit der kargen Fischerkost: einem Stück trockenen Brotes und kaltem Fisch sich zu begnügen. Beim wunderbaren Fischfang (Lk 5, 1—11), als der Herr Simon zum Menschenfischer berief, war er mit dabei. Das Wunder machte einen so tiefen Eindruck auf ihn, daß er seinen Beruf aufgab, alles verließ und Jesus nachfolgte, nicht als Musterjüngling ohne Fehl und Tadel, sondern als Choleriker mit jähem, feurigem Wesen, mit heftigem, leidenschaftlichem Temperament und unduldsamem Naturell. Denn wie sein Bruder Jakobus der Ältere war er von Natur aus heftig, leidenschaftlich, feurig und schroff und konnte, wenn nötig, auch «Fraktur» reden. So war er gegen den Mann, der im Namen Jesu Teufel austrieb, sich dem Herrn jedoch nicht anschließen wollte, sogleich aufgebracht (Mk 9, 38—40; Lk 9, 49). Einen «Donnersohn» (Mk 3, 17) hat ihn Jesus selber einmal genannt, weil er «Feuer vom Himmel» auf die ungastlichen Städte Samariens, die den Herrn nicht aufnahmen, herabrufen wollte (Lk 9, 51—56). Dieses cholerische Temperament war wohl ein Erbstück seiner regsamen, geschäftigen Mutter Salome (Mt 27, 56; Mk 15, 40), die in begreiflichem Mutterehrgeiz ihren beiden Söhnen im Reiche Gottes gleich die Ehren- und Vorzugsplätze zur Rechten und zur Linken des Messias sichern wollte (Mt 20, 20—23; Mk 10, 35—45). Nun aber geschah das Wunderbare: im vertrauten Umgang mit Jesus wurde der Heißsporn und Draufgänger mehr und mehr umgebildet. Die Jesusnähe zähmte sein Adlerungestüm und machte ihn zum Apostel und Boten, zum Künder und Lehrer der Liebe. Denn im täglichen Verkehr mit Jesus entging es ihm nicht, mit welchem Nachdruck und welcher Eindringlichkeit der Herr immer wieder von der Liebe sprach. Stärker als jeder andere Evangelist hebt er die Notwendigkeit der Bruderliebe hervor. Ja, die frohe Botschaft von der Liebe zieht sich wie ein warmer Strom durch das ganze Johannesevangelium und die johannäischen Briefe hindurch. Die Bruderliebe ist das erste Gebot des Herrn (Joh 13, 34—35; 15, 12. 16), ist das charakteristische Erkennungszeichen und Merkmal des echten Jüngers Jesu: »Daran werden alle erkennen, daß ihr meine Jünger seid, wenn ihr die Liebe habt untereinander» (Joh 13, 35).

Trotz seines Adlerungestüms stand Johannes Jesus besonders nahe und gehörte zum engeren Kreis der Apostel. In den Apostelverzeichnissen wird er zusammen mit Petrus und Jakobus an erster Stelle genannt (Mk 3, 17; Apg 1, 13). Mit ihnen war er dabei bei der Auferweckung der Tochter des Jairus (Mk 5, 37; Lk 8, 51), bei der Verklärung auf dem Berg Tabor (Mt 17, 1; Mk 9, 2; Lk 9, 28) und seiner Todesangst am Ölberg (Mt 26, 37; Mk 14, 33). Mit Petrus erhielt er von Jesus den Auftrag, für das Paschamahl den Festraum herzurichten (Lk 22, 8) und beim letzten Abendmahl hatte er den Vorzugsplatz an der Seite Jesu (Joh 13, 23). Was machte Johannes, den jüngsten der Apostel, zum Lieblingsjünger Jesu? Es war sein jugendlicher Idealismus, die Lauterkeit und Quellfrische seines Wesens, die Klarheit seiner Seele, die Demut und Bescheidenheit seiner Person (Joh 20, 4) und die Aufgeschlossenheit für das Kommen des Messias und sein Reich.

In Jerusalem zusammen mit Maria

Die dritte wichtige Station im Leben des Johannes ist Jerusalem. Als Jesus am Kreuze hing und unter dem Kreuz seine Mutter sah und neben ihr den Jünger, den er liebte, sagte er zu ihr: Frau, siehe, dies ist jetzt dein Sohn! Und zum Jünger sprach er: Dies ist jetzt deine Mutter! Und von dieser Stunde an nahm der Jünger sie zu sich in sein Haus, im Griechischen heißt es wortwörtlich: «eis tà ídia — in sein Eigentum» (Joh 19, 26—27). Nach uralter Tradition befand sich das Haus des Johannes auf dem Berg Sion, nur wenige Schritte vom Abendmahlssaal entfernt, wo heute die deutsche Kirche Dormitio Sanctae Mariae steht, die Mariä-Heimgangskirche. Hier verbrachte Maria in der Obhut des Johannes ihre letzten Lebensjahre und war offenbar der Mittelpunkt und die Seele der jungen Gemeinde von Jerusalem. Hier führte sie als tüchtige Hausfrau dem Apostel, der ehelos war, den Haushalt. Dabei redeten sie beim Zusammensein und in den Gesprächen immer wieder von Jesus. Die Liebe zu ihm war das große Gemeinsame, das ihre Herzen verband. Hier wirkte nach der Ausgießung des Heiligen Geistes Johannes zusammen mit Petrus als kraftvoller Verkünder des neuen Glaubens. Mit Petrus ging er hinauf zum Tempel und war mit dabei, als dieser am «Schönen Tor» einen lahmen Bettler heilte (Apg 3, 1—10). Mit ihm wurde er wegen der Predigt des Auferstandenen gefangengenommen, vor den Hohen Rat geführt, und, weil er sich weigerte, dem Predigtverbot Folge zu leisten, gegeißelt (Apg 4, 1—5, 42). Als Johannes nach seiner Verhaftung abends nicht heimkam, mag Maria sich über das lange Ausbleiben ihres Adoptivsohnes geängstigt haben. Erst am nächsten Vormittag kehrte er zu ihr ins Haus zurück, zerschlagen und voll blutiger Striemen, doch nicht traurig, sondern voll Freude, daß er für seinen geliebten Meister hatte leiden dürfen. Maria tröstete ihn wohl, lobte seinen Mut und seine Standfestigkeit und wusch voll mütterlicher Zartheit seine Wunden. Zusammen mit Petrus machte Johannes dann hier von seinem Wohnsitz in Jerusalem aus die erste Visitationsreise zu den Christen in Samaria und spendete dort den Neubekehrten die Firmung (Apg 8, 14—25). Nach seiner Rückkehr zu Maria wird er ihr freudig von seinen Erfolgen in Samaria erzählt haben.

Maria blieb bis zu ihrem Tod in der Heiligen Stadt bei Johannes, der beim Apostelkonzil im Jahre 50 von Paulus «Säulenapostel» (Gal 2, 9) der Kirche genannt wird. Dann entschlief Maria wohl unter dem Gebet und tröstenden Beistand ihres geistlichen Sohnes. Ihre sterbliche Hülle wurde in der Nähe des Gartens von Getsemani im Kedrontal beigesetzt. Heute steht dort die Mariä-Grabkirche. Sie wurde im Jahre 450 errichtet und setzt die schon lange vorher dort verehrte Grabstätte voraus. Die Kirche mit ihrem kleinen, ummauerten Vorhof, zu dem eine Treppe hinunterführt, liegt unter dem Erdboden. Nur die Vorhalle ragt aus dem Erdboden heraus. Sie hat ein großes, schöngegliedertes Spitzbogenportal. Von diesem führen 48 breite Treppenstufen in die dunkle Kirche hinunter. Hier in ihrem östlichen Kreuzarm liegt das Grab Mariens. Hier ruhte für kurze Zeit ihr Leib, bis er, mit der Seele von neuem vereint, in den Himmel aufgenommen wurde.

In Ephesus zusammen mit seinen Jüngern

Nach dem Tode Mariens, vermutlich vor Ausbruch des jüdischen Krieges in den Jahren 66—70 n. Chr., verließ Johannes die Heilige Stadt und zog nach Ephesus. Ephesus wurde die letzte Station seines Lebens. Diese große Hafen- und Handelsstadt mit dem berühmten Tempel der Göttin Artemis bildete die Pforte zu Kleinasien. Der Apostel Paulus war im Jahre 54 auf seiner dritten Missionsreise hierhergekommen und hatte aus Juden und Heiden eine christliche Gemeinde gegründet. Nach seinem Weggang ließ sich auch der Apostel Johannes hier nieder und gewann als letzter Überlebender der führenden Männer der kirchlichen Urzeit eine überragende Stellung in den kleinasiatischen Gemeinden. Dreißig Jahre beherrschte er die Geschichte dieser Stadt und übte einen tiefen Einfluß aus auf Glauben und Leben der Gemeinde. Damals war Domitian (81—96) Kaiser in Rom. Ein vierschrötiger Bauernschädel auf einem feisten Hals, dazu das Gesicht eines Henkers, so stellen die Münzbildnisse aus seiner ersten Regierungszeit ihn dar. Eine «blutige Bestie» nennt ihn Plinius. Seine Vorliebe galt grausamen Hinrichtungsarten. Sein Cäsarenwahnsinn steigerte sich zum politischen Verfolgungswahn, der sich auch gegen Christen und Juden richtete. Unter seiner Regierung wurde der Apostel Johannes, da er seine Knie vor dem Bild des Gott-Kaisers nicht beugen wollte, in Haft genommen, nach Rom geschleppt und zuletzt, nach dem Bericht Tertullians, in einen Kessel siedenden Öles geworfen. Die achteckige Kapelle

San Giovanni in Oleo vor der Porta Latina in Rom erinnert noch heute an das Ölmartyrium des Apostels. Doch das siedende Öl konnte Johannes nichts anhaben. Unversehrt ging er daraus hervor. Seine Peiniger verbannten ihn darauf «um des Wortes Gottes und des Zeugnisses Jesu willen» (Offb 1, 9) auf die einsame, Ephesus vorgelagerte Felseninsel Patmos im Ägäischen Meer. Hier schrieb Johannes in einer Grotte, um die später eine Kirche und ein Kloster gebaut wurde, für die bedrängten Christen von damals das Trostbuch der «Offenbarung des Johannes», die «Apokalypse». Nach einer alten Überlieferung diktierte er seinem Jünger Prochoros, was ihm Gott in verschlüsselter Bildsprache und geheimen Zahlzeichen offenbarte. Die Offenbarung an Johannes ist die Antwort des himmlischen Christus auf die Kampfansage Domitians, das Treuebekenntnis seines Jüngers Johannes, die apostolische Gegenerklärung gegen die Kriegserklärung des römischen Gott-Kaisers. Der ganze Inhalt der Apokalypse ist in der Eingangsdoxologie beschlossen: «Ipsi gloria et imperium in saecula saeculorum — ihm sei die Herrlichkeit und die Macht in alle Ewigkeit» (Offb 1, 6). Das Buch sollte den Außenstehenden, den Christusfeinden ein Rätsel bleiben, aber den Mitgenossen an der Trübsal und dem Reiche Jesu Christi eine Offenbarung werden. Unter Kaiser Nerva (96—98) wurde dann das kaiserliche Gerichtsurteil Domitians aufgehoben. Johannes durfte aus der Verbannung zurückkehren und kam unter dem Jubel der Gläubigen zum zweiten Mal nach Ephesus.

Bei diesem zweiten Aufenthalt veröffentlichte er in den Jahren 96—98 auf Drängen seiner Freunde und vom Heiligen Geist erfüllt das pneumatische, das geistige Evangelium vom Gottmenschen Christus. In ihm schildert Johannes, der Augenzeuge der Werke Christi, der Ohrenzeuge seiner Worte, der Herzenszeuge seiner tiefsten Geheimnisse und der Kronzeuge seiner Gottessohnschaft, Gottesherrlichkeit und Welterhabenheit Christus in seinem eigentlichen Doppelcharakter. Christus ist ganz Mensch, leibhaftig zum Greifen, erdenecht: «Was von Anfang war, was wir gehört, was wir mit unsern Augen gesehen, was wir geschaut und mit unsern Händen berührt haben vom Wort des Lebens, . . . das verkünden wir euch» (1 Joh 1, 1). Zugleich aber ist Christus überweltlich, ewig. Im großartigen Hymnus des Prologes schildert er den «Eingeborenen in der Herrlichkeit des Vaters» (Joh 1, 10). Jesus ist Gott (Joh 1, 1). Sein Ursprung reicht zurück bis ins Dunkel der Ewigkeit, bis weit vor den Zeitpunkt der Schöpfung der Welt (Joh 1, 3. 10). Von Ewigkeit ruhte er am Herzen des Vaters (Joh 1, 18); er war schon beim Vater, «ehe die Welt war» (Joh 17, 5). Er allein kennt den Vater (Joh 6, 46). Alles, was dem Vater gehört, gehört auch dem Sohn (Joh 16, 15; 17, 10). Ja, er und der Vater sind eins (Joh 10, 30) und gleichen Wesens miteinander (Joh 17, 10. 21). Deshalb sieht, wer Jesus sieht, auch den Vater (Joh 8, 19; 14, 7). Mehr als zwanzigmal gebraucht Jesus im Johannesevangelium die alttestamentliche Gottesformel: «Ego eimi — ich bin.» In diesen großen Ich-Worten blitzt immer wieder Jesu göttliches Selbstbewußtsein auf. Er allein, so zeigt es Johannes auf, ist das wahre Lebensbrot (Joh 6, 35. 41. 48, 51), das Licht der Welt (Joh 8, 12), die Türe zu den Schafen (Joh 10, 7. 9), der allein wirkliche und rechte Hirt (Joh 10, 11. 14), der wahre Weinstock (Joh 15, 1. 5), die Auferstehung und das Leben (Joh 14, 6).

Hinter dem vierten Evangelium steht eindeutig der Apostel Johannes mit seinem Geist und seinem Erinnerungsvermögen. Es ist ein Augenzeugenbericht. Doch ist es weit mehr als das Werk eines einzelnen, es ist die Schöpfung einer Gruppe, einer Gemeinschaft. Denn der Apostel Johannes hatte einen Kreis gelehrter Jünger um sich. Zu diesem gehörten die späteren Bischöfe Papias von Hierapolis († um 130), Ignatius von Antiochien († um 110 in Rom) und Polykarp von Smyrna († um 156). Sie waren vermutlich bei der Niederschrift, Bearbeitung und Herausgabe seines Evangeliums mitbeteiligt und leisteten Redaktionsarbeit. Deshalb schrieben sie am Schluß des Johannesevangeliums: «Das ist der Jünger, der dies alles bezeugt und der dieses Buch geschrieben hat, und wir wissen, daß sein Zeugnis wahr ist» (Joh 21, 24). Diese gelehrten Männer, die den Apostel wie ihren Vater liebten und verehrten, waren es auch, die Johannes nur den «Jünger, den Jesus liebhatte» (Joh 13, 23; 19, 26; 20, 2; 21, 7. 20) nannten, denn es ist nicht wahrscheinlich, daß Johannes sich selbst so bezeichnet hätte.

Johannes muß damals, als er sein Evangelium veröffentlichte, fast 100 Jahre alt gewesen sein. 70 Jahre lang hatte er, rückwärts schauend, über Jesus und seine Worte viel nachgedacht. Tag für Tag war ihm durch den Heiligen Geist die Bedeutung dessen, was Jesus gesagt hatte, immer deutlicher erschlossen worden. Als er nun auf ein nahezu hundert Jahre langes Leben zurückschauen konnte, setzte er sich mit seinen Freunden hin, um noch einmal aus dem Tresor und Behälter seines Geistes all die intimen Schätze und Reichtümer der Erinnerung hervorzuholen und, sie hin- und herwendend, vor sich auszubreiten. Neben ihm saß wohl einer seiner Jünger, um für seinen Meister aufzuschreiben, was dieser mitzuteilen hatte. Und Johannes gab nicht nur zu Papier, was er Jesus hatte sagen hören, sondern auch, was Jesus nach allem, was er jetzt erkannte, damit gemeint hatte. Das Johannesevangelium will uns das, was Jesus gesagt hat, nicht wie einen Zeitungsbericht wiedergeben, sondern will uns mitteilen, was Jesus gemeint hat. Es ist das Evangelium der Kontemplation, das Ergebnis lebenslanger Reflexion.

Das Evangelium des Johannes ist anders als die drei synoptischen Evangelien. Es enthält weder Gleichnisse noch andere Geschichten, die Jesus erzählte und die in den drei andern Evangelien einen so unschätzbar kostbaren Schatz darstellen. Im vierten Evangelium dagegen nehmen die Reden Jesu oftmals ein ganzes Kapitel ein. Vielfach handelt es sich dabei um schwierige Streitgespräche. Auch der Bericht vom Schauplatz des Wirkens Jesu im Johannesevangelium unterscheidet sich von den andern. Während bei den andern

drei Evangelisten Jesus vor allem in Galiläa auftritt und erst eine Woche vor seinem Tod nach Jerusalem kommt, tritt Jesus bei Johannes vor allem in Jerusalem und Judäa auf und zieht sich nur gelegentlich nach Galiläa zurück.
Johannes war inzwischen nicht nur alt sondern auch gebrechlich geworden. Die Beschwerden des Alters drückten auf den fast Hundertjährigen. Zuletzt war er zu schwach, um ohne Hilfe an den gottesdienstlichen Versammlungen der Christen in Ephesus teilnehmen zu können. Die Schüler mußten ihn begleiten, stützen und tragen. Der greise Apostel vermochte auch nicht mehr zu predigen. Die Kräfte reichten nicht mehr aus. Da wiederholte er nur immer wieder die Worte: «Kindlein, liebet einander!» Befragt, warum er immer wieder das Gleiche wiederhole, erwiderte er: «Es ist das höchste Gebot des Herrn. Es genügt, diesem zu folgen!»
Hartnäckig hielt sich das Gerede, Johannes werde nicht sterben. Betroffen von diesem Gerücht, beschloß er, vor aller Augen zu sterben. Als er fühlte, daß seine Stunde gekommen war, ließ er am Altar seiner Kirche eine Grabstätte graben, stieg hinunter, hob seine Arme und betete: «Du hast mich zu einem Festmahl geladen, Herr, ich danke dir und komme.» So starb er

hochbetagt um das Jahr 100 und wurde in der unterirdischen Grabkammer unter dem Altarstein begraben. Darüber wurde zuerst ein Mausoleum, ein quadratischer Bau von fast 20 m Breite, errichtet. Durch verschiedene Zubauten entstand daraus eine stattliche, kreuzförmige Basilika. Im 6. Jahrhundert, zur Zeit Kaiser Justinians (527—565), wurde die bestehende Kirche durch eine mächtige Kuppelbasilika ersetzt. Der neue monumentale Prachtsbau von 130 m Länge und zirka 60 m Breite, mit seinen sechs mächtigen, außen mit Blei verkleideten Kuppeln dürfte der Markuskirche in Venedig nicht unähnlich gewesen sein. Unter der Hauptkuppel lag das Grab des Apostels Johannes, aus welchem ein wunderbarer, heilkräftiger Staub aufgewirbelt sein soll. Diese Johannesbasilika zählte zu den berühmtesten Bauten und heiligsten Kirchen der ganzen damaligen Christenheit und wurde, wie früher der Artemistempel, das Ziel zahlreicher Pilgerscharen aus dem Morgen- und Abendland. Durch den Grabstein hindurch glaubten sie das Herz des großen Liebesjüngers schlagen zu hören.